幼教教具設計系列 5
Teaching Aid

節慶活動の教具

速成有趣的服裝道具製作。

益智遊戲の教具

前言

本書分為三大單元，節慶活動、才藝表演及唱遊表演。以主題性的內容來設計出精采的道具，讓孩子們在活動中得到更多的樂趣！書中皆以剪、黏的技法製作，並附有紙型，老師或家長們可以在短時間內輕鬆完成，或者，可以讓小朋友們共同參與製作，達到親子同樂的效果。

書中作品道具配件著重於手飾道具、頭部裝飾、表演服裝和節慶環境佈置；以鮮艷的顏色，突顯孩子們的活力，可愛的造型，更襯托出他們的純真；在色彩與形狀認知的刺激下，可培養出孩子們的創造力和美感，以及對生活另一番歡愉的體認。

小小模特兒

身高 90 公分

我們以布偶人型來作模特兒，其體型大小約和一般3～4歲小朋友差不多，身高為90公分，本書中所設計的尺寸皆適於3歲以上的小朋友穿戴，幼稚園、安親班老師和小朋友都利用書中所附之紙型來製作，輕鬆又有趣。

身高 90 公分

益智遊戲の教具

目錄

前　　言 introduction　　2

工具材料 tools required　　6

節慶活動 10
celebrate

- 節慶環境的佈置
- 同樂會
- 分組隊徽
- 慶生會
- 化妝舞會
- 花項圈
- 彩繪面具
- 角色扮演
- 運動會

才藝表演 58

show time

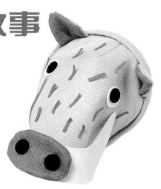

- 十二生肖的故事
- 舞台背景
- 人物特寫

唱遊表演 80

song and dance

- 小魔女Do Re Mi
- 花仙子
- 小青蛙
- 小鴨鴨

著色稿chromatism　　98

紙　型boiler plate　　104

益智遊戲の教具

工具材料

本書的工具以**熱熔膠**為主，白膠、相片膠為輔：熱熔膠較快乾固，廣泛用於不織布的黏貼，但除紙類不適合使用。

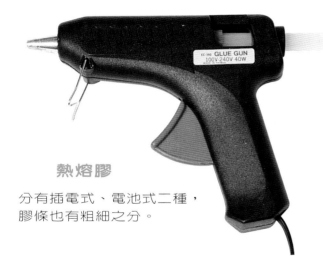

熱熔膠

分有插電式、電池式二種，膠條也有粗細之分。

白膠　　　**相片膠**

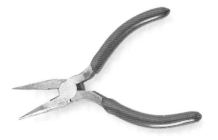

泡棉膠　　　**雙面膠**　　　**老虎鉗**

剪刀　　　**刀片**　　　**釘書機**

魔鬼氈
便於不織布的黏扣，或稱黏扣帶。文具店即有售。

不織布
市面上販賣的不織布有日本製和台灣製的，前者纖維較緊實，顏色較多種，後者纖維較鬆散，顏色種類較少。布市可零售，文具店或美工材料行的尺寸選購有限。

細太卷
可用於支撐、輔助定型。美工材行、手工藝店有售

亮粉膠水

亮面膠帶

浴帽

毛根
毛根可塑形，並有彩色和亮片毛根之分。美工材料行、手工藝店有售。

毛線

髮箍
髮箍有粗細之分，可依需求購買，單價便宜，可於手工藝材料行購買。

益智遊戲の教具

工具材料

絨布

用於表現動物的質感，剪開的邊緣用手輕拔，至不會掉毛。布市有售。

絨毛球

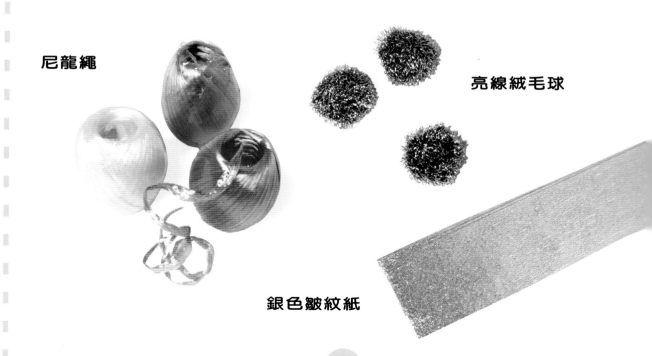

尼龍繩

亮線絨毛球

銀色皺紋紙

鋁條

皺紋紙

保麗龍星形

鬆緊帶
有粗細之分，布市、手工藝
店有售。

面具

亮片

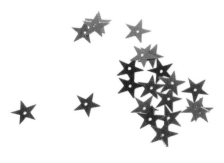

P8尼龍繩、銀色皺紋紙於美術社、文具店有售。
　絨毛球可於布市或一般手工藝材料行買到。
P9鋁條、星形保麗龍、面具可於美術社購買。
　皺紋紙、亮片於文具店就買的到。
　鬆緊帶可於布行、手工藝材料店購得。

第**1**單元

本月壽星

節 慶 活 動

節慶的環境佈置

生日會/新生入學/畢業典禮/歡送會

同樂會

摸彩箱/活動海報/分組隊徽

慶生會

壽星帽/手杖/項環/壽星表

化妝舞會

眼罩/花項圈/彩繪面具

角色扮演—哈利波特

角色扮演—聖誕老公公

運動會

彩球製作/手飾

指揮棒/響鼓/頭飾

第1單元-節慶活動

節慶的環境佈置

〈生日會〉

祝你生日

快楽!!

著色稿P98
紙型P103

第1單元-節慶活動
節慶的環境佈置〈生日會〉
HAPPY B

著色稿P99

紙型P104

第1單元-節慶活動

節慶的環境佈置

著色稿P100
紙型P105

〈新生入學〉

第1單元-節慶活動
節慶的環境佈置
〈畢業典禮〉

著色稿P101

紙型P106

第1單元-節慶活動
節慶的環境佈置

〈歡送會〉

著色稿P102
紙型P107

我們永遠

第1單元-節慶活動

同學會

活動中舉辦的較頻繁的就屬同樂會了，我們通常會用到節目表等活動表演的道具，以下獎牌、摸彩箱、分組隊徽為最常見的配備，供您參考製作。

紙型P108

獎牌—利用紙材、珍珠板、彩色圖釘，寫上名次即完成創意的獎牌。

●邊緣以鋸齒剪剪出花邊， 利用圖釘可直接釘在禮物上。

摸彩箱

動物紙型P108

製作方法：

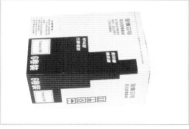

1 可利用較方形一點的紙盒，面紙盒亦可。

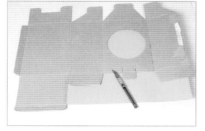

2 將其黏貼處小心拆開，並把朝上的一面割下一圓，裱上色紙，再把多餘處割掉，除圓形處。

3 最後在圓形處割下一米字線，再把它黏回原來盒形即完成。

活動海報

同樂會所須的海報有節目表、得獎名單，通常都寫在黑板上，或隨手寫的海報，何不加些巧思，作成半立體的可愛海報，內容字體處不黏死，這樣才能保留使用長久。

得獎名單

第一獎．柳小倩

第二獎．陳直偉

第三獎．黃雅菁

第四獎．郭圓圓

紙型P107

節目表

快樂舞會

最佳裝扮選拔

壽星的三個心願

大胃王比賽

盡情歡唱快樂夜

紙型P103

第1單元-節慶活動

分組隊徽

紙型P109

隊徽代表著一組人的精神，它通常使用在計分欄上，貼在衣服上，作為小隊的符號或標幟，以下三種作法有不同表現方式。可依不同情況來製作。

利用紙糊技法來製作，由於製作時間較長，作品也較大，所以較適於當作磁鐵或吊飾，也可請隊員一起製作，作一個屬於自己的小隊徽。

●以白膠加水稀釋，比例約為2:1，將紙片撕成小塊狀浸溼後貼於造型物上，邊貼邊撫平。

●海報可利用吸鐵小隊徽貼在黑板上。

製作方法：

1 依紙型剪出的瓦楞紙造型。

2 將報紙揉成小糰，以膠帶固定，黏出大致立體形。

3 再以報紙紙片黏貼外形，如圖。最後待乾後塗上壓克力顏料彩繪即完成。

第1單元-節慶活動

分組隊徽

不織布 ＋ 別針

紙型P109

利用不織布的剪黏是最方便快速的，取緞帶來作成?環，別上別針後可別於衣服上。

紙型P109

紙 ＋ 夾子

　　貼於珍珠板上，並黏上木夾或小夾子，可夾於衣服的口袋上，或作成小隊資料夾，用於廣泛又可愛。

第1單元-節慶活動

慶生會

壽星在慶生會活動上是重要的主角，我們可採用一些亮面的材料來製作出壽星帽、壽星手杖、壽星項環、還有壽星表，突顯出〝壽星〞的感覺，不須太多的時間便可讓小朋友在慶生會活動上〝閃閃動人哦〞～

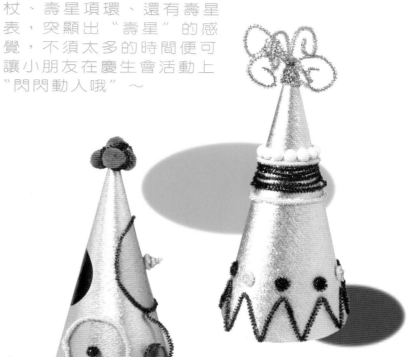

● 壽 星 帽

所須的材料為西卡紙、銀色皺棉紙、毛根、亮片和玻璃紙。

1 在西卡紙上裱貼銀色皺棉紙，依紙型剪下後，邊緣以雙面膠黏貼成錐狀。（或以銀色西卡紙來製作也可）

2 毛絨球小小毛毛的感覺增加帽子的活潑性，可用熱熔膠黏於帽頂，或如圖纏上一根亮片毛根。

3 利用玻璃紙的透明性可讓帽子多些顏色變化，以相片膠黏貼即可。

●利用緞帶來裝飾花邊，也有另一番效果。

準備材料：緞帶、銀色亮面瓦楞紙、絨球、亮片。

製作方法：

參考紙型P110

1 依紙型剪下一銀色亮面瓦楞紙，並在底邊貼上緞帶。

2 黏好緞帶後，再將瓦楞紙兩邊黏合完成。

3 於頂角黏上毛絨球（可用熱熔膠較牢固）。

4 最後再加上亮片裝飾即完成。

第1單元-節慶活動

慶生會

● 手杖、項環、壽星表

五月壽星表

5/3	黃小晴
5/17	陳植偉
5/31	張奇崴

本月壽星

● 上圖為星形保麗龍。利用鋁箔紙稍微抓皺，再黏於保麗龍和竹棍上。

● 鬚鬚是利用彩色尼龍繩撕開成鬚狀，黏於保麗龍背面，美工材料行均有售。

第1單元-節慶活動

化妝舞會

化妝舞會中最常見的就是眼罩了，如何快速的製作出華麗又特別的眼罩呢？我們可以利用餅干盒、毛根和珠珠、亮片來製作，您也可以試試看哦～

紙型P110

製作方法：

1 利用餅干盒子拆開，依紙型剪下眼罩。再用毛根貼於外緣和捲曲線條。（左為正面，右為背面）

2 黏上亮片和珠珠作裝飾，珠珠以熱熔膠黏較牢固。

3 竹筷部份可貼繞上綠色膠貼。

4 最後再黏於眼罩背面即完成。

第1單元-節慶活動

化妝舞會

紙型P110

我們可以利用生活上的廢物利用來製作，此作品則利用了舊衣服來表現，加上羽毛和亮片緞帶，呈現出豪邁又神秘的風格。

製作方法：

1 利用舊衣布裱貼在紙型上，竹筷也是以舊衣布包黏。

2 眼眼的部份割出一道線後向上黏。

3 基本的眼罩型。

4 先在外緣黏上亮片緞帶，再於背面黏上羽毛，即完成。

第1單元-節慶活動

化妝舞會

流蘇和紗網的組合猶如歐洲宮廷的假面嘉年華,帶著高貴而華麗的氣質。

紙型P110

準備材料:玻璃紙、流蘇、紗網、瓦楞紙板、毛根、竹筷。

製作方法:

餅乾盒
瓦愣紙
西卡紙

1 依紙型剪下瓦楞紙板的眼罩型。

2 裱貼上玻璃紙。

3 基本眼罩型。

4 在邊緣黏亮毛根,於眼罩上方黏上流蘇。

5 於眼框下方黏上少許亮片,並於背面黏上紗網。

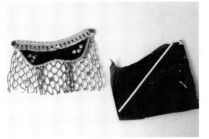

6 竹筷也是利用玻璃紙包黏,最後將竹筷黏於眼罩背面即完成。

第1單元-節慶活動

花項圈

利用花項圈來裝扮，就像夏威夷女孩一樣，活潑又熱情。

以皺紋紙製作，可表現出〝花朵〞的感覺，製作方法簡單容易，可以請小朋友一起參與製作。

● 將皺紋紙疊至12張，並將它在一起（訂正中間）長寬約7公分之方塊，每一種顏色皆同樣作法。

製作方法：

1 將訂好的方塊剪成圓形，並剪出6道線。

2 往中間翻開。

3 最後以針線穿起花球即完成。此步驟請老師或家長幫忙。

第1單元-節慶活動 花項圈 紙型P108

除了以皺紋紙製作花項圈，也可以利用以下作法，更為快速。

準備材料：針線、美術紙。

製作方法：

1 依紙型剪下花朵形。（可疊多張並訂其四個角，再一起剪下）

2 以竹筷或筆桿於花朵形邊緣作彎弧。

3 最後以針線將其串起即完成，手環亦為同作法。

第1單元-節慶活動

彩繪面具

市面上販售的面具可以作出各種表現方法，讓孩子們天馬行空的發揮創意，於面具上彩繪、拼貼，在化妝舞會上獨樹一幟。

準備材料：鋁箔紙、麥克筆、保麗龍水滴形、玻璃紙、鬆緊帶（細）

製作方法：

1 在面具上鋪貼鋁箔紙。

2 貼完後利用麥克筆彩繪出圖案。

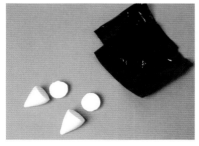

3 水滴形保麗龍切去尾端，並以玻璃紙包黏。

4 完成的角底部黏上一圈銀色皺紋紙裝飾。

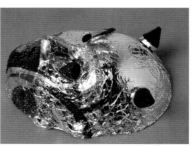

5 以膠水黏上面具，寶石則是以養魚用的塑膠石來表現。

第1單元-節慶活動
彩繪面具

複合媒材的拼貼，可以營造抽象的風格，從側面看有兩種不同的形象，黃色的頭髮造型格外顯目。

準備材料：黃色毛線、亮片、乾燥花

製作方法：

1 毛線左右繞多圈，從中間綁緊，再將兩邊剪開。

2 剪開後將其攤開，黏於面具上。

3 亮片可部份先用麥克筆塗顏色，讓它有深淺變化。（或買現成的亦可。）

4 利用乾燥花來拼貼，白膠或相片膠黏著即可。

5 在光線的投射下，亮片閃耀出鄰鄰的光芒。

第1單元-節慶活動
角色扮演－哈利波特

在萬聖節的化妝舞會上，小朋友的打扮中不乏流行的人物造型，或是小朋友們喜歡的人物：像哈利波特就成為了最HOT 的裝扮，本作品以最短的時間、最快的取材、最精簡的花費、最簡單的技法來製作，並可回收再利用；您也可以照著以下步驟來輕鬆製作。

巫師帽造型
參考紙型P112

1.剪下不織布紙型

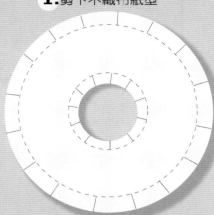

黃色表帽頂

2.貼於瓦楞紙下，
並向上黏貼。

3.黏貼完成的帽簷。

4.帽頂：依紙型剪下
帽頂並對摺。

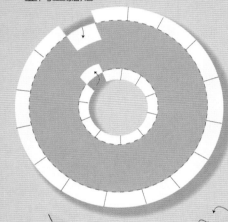

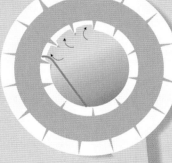

5.以釘書機
將兩邊釘合。

6.向內翻至另一面。

7.在帽頂內黏上一根
細太卷，帽頂完成。

8.齒腳向外貼在帽簷上。

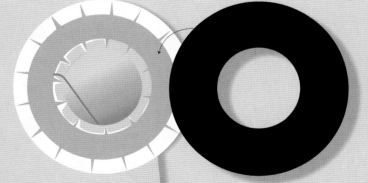

9.最後再依紙型剪下一塊
帽簷的不織布貼於帽簷上。

10.完成。

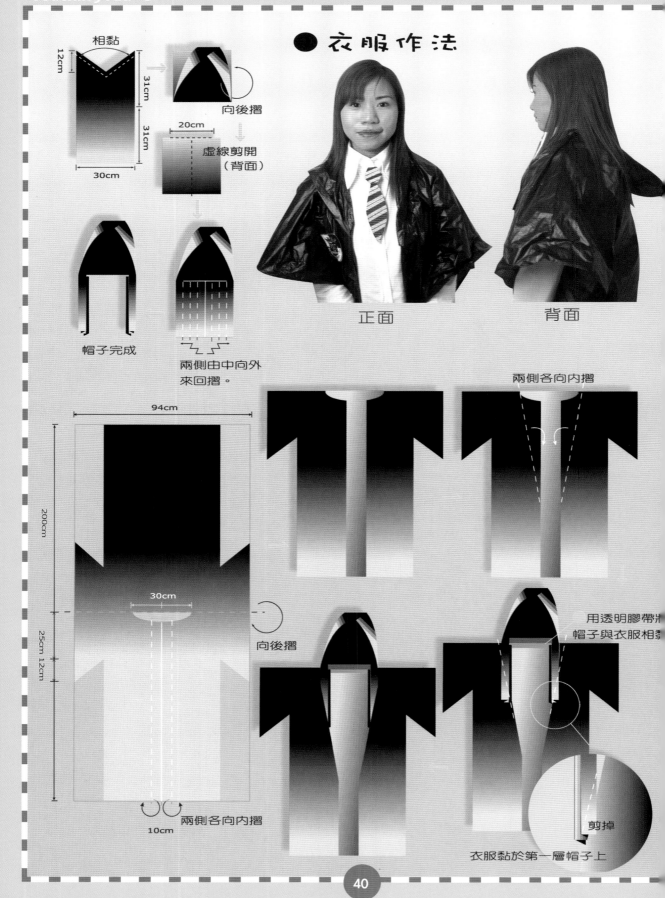

● 衣服作法

相黏
12cm
31cm
31cm
30cm

向後摺

20cm
虛線剪開
（背面）

帽子完成

兩側由中向外
來回摺。

正面　　　　　　　背面

94cm

兩側各向內摺

200cm

30cm

向後摺

25cm　12cm

用透明膠帶將
帽子與衣服相黏

10cm
兩側各向內摺

剪掉

衣服黏於第一層帽子上

● 領 帶 作 法

紙型P111

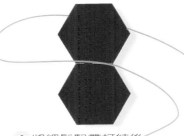

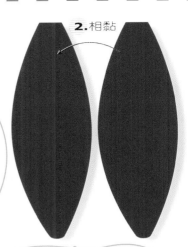

2. 相黏

1. 將細鬆緊帶打結後，
置於領帶對摺處。

3. 相黏後，再黏於領帶上。
領帶對摺黏底部。

4. 利用緞帶貼
出領帶花樣。

5. 剪掉多餘的部
份即完成。

● 魔 法 棒 作 法

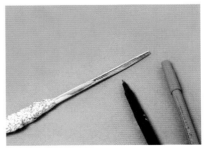

1 取一根竹筷，一端包上
鋁箔紙。

2 竹筷的表面可以再塗上
顏色或作一些木紋。

第1單元-節慶活動
角色扮演－聖誕老人

聖誕派對中，聖誕老公公一向是受歡迎的主角，穿上自己動手做的服裝，獨一無二的造型成了PARTY中最有特色的人物。

● 聖誕帽

參考紙型
P113

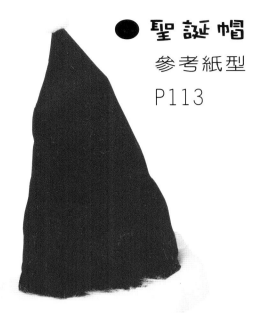

本書所介紹的聖誕老公公服裝以不織布製作；聖誕帽亦以不織布完成，另外白絨毛布、絨球、釘書機為製作時所須準備之工具材料。

製作方法：

1 依紙型剪下一圓錐形後對摺，於一側以釘書機釘起。

2 翻至另一面，此為正面。

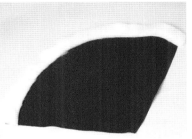

3 若加上白絨布條，則在步驟1未釘合前先黏於布邊上。

4 同樣地將其對摺，於一側以釘書機釘起。

5 翻至另一面。

6 於帽頂黏上白絨球。

7 於帽內黏上髮箍，在戴帽時可固定而不致鬆脫。

1.於瓦楞紙上鋪貼一層黃色玻璃紙。

2.扣環完成。

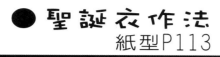
● 聖誕衣作法
紙型P113

3.兩邊對摺

4.對摺後於兩邊緣釘上釘書針。

5.兩邊貼上銀色緞帶。

7.於兩側貼上魔鬼氈。

6.套上扣環。

背面

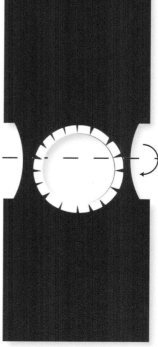

1.以絨布剪下衣領。

2.將衣領置於下方,齒腳向上翻黏。

3.將衣領黏好後對摺。

4.以釘書機將兩側釘

5.翻至另一面，再以
白絨布條黏下襬。

6.下襬完成。

6.黏上皮帶環，
前後各兩個。

7.穿過腰帶。

8.最後黏上絨球即完成！！

45

第1單元-節慶活動

運動會

　　運動場上每一支隊伍入場都士氣高昂，頭上戴的頭飾，手持的彩球，特異的妝扮都引領著家人的目光，利用簡單的技法和材料，一起來製作出一支別具風格的隊伍吧！

　　● 彩球為尼龍繩所綁成的，目前市面上亦有販售現成的的彩球；當我們自己動手做時，可以在中間加些其他顏色的尼龍繩。（現成彩球─美工材料行有售。彩色尼龍繩（粗）─大賣場五金行有售。）

● 彩球作法

1.將尼龍繩反覆摺約10～15次。

2.取一條細繩，先穿過橡皮筋，再將尼龍繩中間綁緊。

3.綁緊後，將摺線處剪開。

4.以鋼刷將尼龍繩刷開。

5.刷開後用手梳一梳整理好，即完成了。

● 尼龍裙／草裙

1

先在一條尼龍繩上，繫上一條條尼龍繩。

2

以綠色皺紋紙纏於尼龍繩結上，尼龍繩以綱刷刷開。

第1單元-節慶活動 運動會

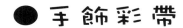

● 手飾彩帶

利用尼龍繩彩球的作法，以毛線製作，也可以達到同樣的效果。

準備材料：毛線、鬆緊帶、毛絨球、熱熔槍。

製作方法：

1 將毛線左右纏繞十幾圈。

2 取一段毛線綁住中間，並將左右兩端連接處剪開。

3 剪開後整理至同一邊，其中兩條毛線穿過鈴鐺。

4 以針縫住鬆緊帶和毛線即完成。鬆緊帶上可黏上毛絨球作裝飾。

第1單元-節慶活動

運動會

● 彩板手飾

準備材料：珍珠板、毛線、不織布、鬆緊帶、亮片。

製作方法：

1 切割下二片半徑15公分的珍珠板，鬆緊帶18公分。

15cm　18cm

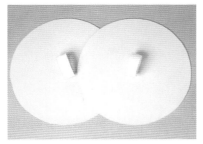

2 鬆緊帶黏上珍珠板。

3 先黏上不織布，再繞上毛線作裝飾。

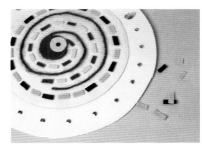

4 亮片和不織布的剪貼使彩板更活潑豐富。

利用珍珠板可裁成幾何形等簡單的外形，在背面加上鬆緊帶可套手，行進間整體又壯觀，雙手揮動著彩板，吸引著眾人眼光。

第1單元-節慶活動

運動會

● 手飾彩帶

玻璃紙的質感，讓它在揮動時產生閃耀的效果，和自然飄動的感覺，美不勝收。

準備材料：玻璃紙、鬆緊帶、絨毛線。

製作方法：

1 先準備2×20公分長的玻璃紙6～8張，亦採二色或單色。

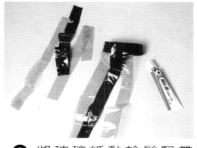

2 將玻璃紙黏於鬆緊帶上。

3 最後再黏上絨毛球即完成。

第1單元-節慶活動

運動會 ● 指揮棒

利用緞帶來表現彩帶的飄逸感,簡單的作法可以快速的完成,既美觀又大方。

準備材料:緞帶、木棍、亮面膠帶、亮毛絨球。

製作方法:

1 準備3條長約100公分的緞帶。

2 將木棍貼繞上亮面膠帶。

3 再把緞帶黏上木棍,外面再貼一圈亮面膠帶或一些裝飾。

4 最後將亮毛絨球黏於木棍頂端即完成。

第1單元-節慶活動

運動會

● 響鼓扇

日常生活中許多東西都可以來廢物利用，例如扇子，只要貼上一些彩色的紙、鈴鐺，就成了方便實用的響鼓扇，作法和P53響鼓同。

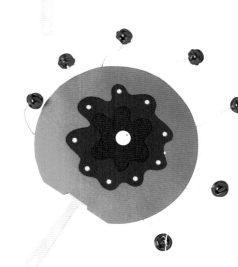

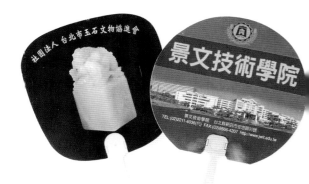

第1單元-節慶活動

運動會

　　鈴鐺響鼓在行進間，除了展現出整齊又具動感的圓形彩板，鈴～鈴～鈴～的聲響又更加強了隊伍陣容。

● 響鼓

　　準備材料：瓦楞紙板、棉繩、鈴鐺、美術紙、毛根、亮片。

製作方法：

1 先裁下一塊圓形的瓦楞紙板，鈴鐺穿過棉繩後打結，貼在瓦楞紙板上。

2 再將另一塊相同大小的圓形瓦楞紙板，準備貼上步驟1的瓦楞紙板上。

3 可以先在其正面上剪貼、拼貼。

4 完成的響鼓，表面上可裝飾毛根和亮片。

第1單元-節慶活動

運動會

免洗餐具也是很好利用的物品，看看資源回收筒內，都是一件件簡單的材料。

● 響鼓

準備泡麵碗、竹筷、竹棍、小珠珠2顆、卡典西德（紅色）、棉繩、壓克力顏料或廣告顏料、白色油漆。

製作方法：

1 把工具材料準備好，由左至右：泡麵碗、棉繩、彩色珠珠、竹筷、竹棍。

2 將泡麵碗塗上一層白色油漆，利於上色。

3 以廣告顏料或壓克力顏料繪塗外觀。

4 先將木棍穿過泡麵碗，再架上竹筷，使其二端剛好架住碗壁，多餘剪掉，並以棉繩捆綁緊竹筷與竹棍。

5 於泡麵碗兩邊穿過二條棉繩，其棉繩再穿上珠珠。

6 先電腦列出〝勝〞字以卡典西德作剪紙，割下字體後直接貼上泡麵碗上。

第1單元-節慶活動
運動會 ● 響鼓棒

飲料罐的廢物利用可以做為小花瓶、筆筒罐,也可裝入一些小豆子、沙子成為響鼓棒,搖一搖便有沙沙的響聲,行進中整齊的唰唰聲,呈現著威武的精神,精神為之抖擻。

準備材料：飲料罐、木棍、亮面膠帶、白油漆、綠豆、壓克力顏料或廣告顏料。

製作方法：

1 飲料罐塗上白色油漆。

2 木棍纏繞上亮面膠帶。

3 將瓶蓋和木棍以釘子釘牢。

4 罐子外觀以顏料彩繪。

5 罐子內放入一些綠豆。

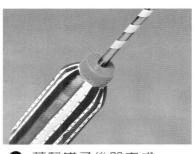

6 蓋緊罐子後即完成。

第1單元-節慶活動
運動會 ●頭飾

●利用銀色瓦楞紙,來製作出銀器的感覺,"V"字勝利符號讓必勝的決心表露無遺。

●以皺紋紙捆繞一圈頭環形後,以玻璃紙包裹,利用亮線毛根繞之以固定,圓球部份則為保麗龍球切半,再包黏上玻璃紙即完成。

●製作方法請參考p35花環,鬆緊帶部份可以利用釘書機釘合即可。

第1單元-節慶活動
運動會　● 頭飾

● 簡單的小花環上，花心以絨毛球來表現，栩栩如生。

● 其製作技巧同刷尼龍裙參考p47，頭環可貼一條卡通膠帶，讓色彩更豐富。

● 取一紙條於邊緣黏上冱蘇緞帶，貼上亮片使其更亮眼。

第**2**單元

才藝表演

十二生肖故事

鼠虎兔
牛龍蛇
馬羊猴
雞狗豬

舞台背景

森林景
都市景
室內景

人物特寫

護士
交通警察
小侍女
魚販

第2單元-才藝表演

十二生肖故事

此單元主要利用三大工具材料：不織布、髮箍和熱熔膠，取材容易，製作簡單，短時間內即可完成。

紙型P114~P115

● 以下十二隻動物的造型皆附紙型供您影印放大或縮小；本單元以兔子為基本製作方法，其它動物的製作皆為同技巧，附有重點提示，教您輕鬆製作。

兔子製作方法：

1 長條布先包貼住髮箍。

2 包黏好的髮箍。

3 將耳朵邊緣以熱熔膠來黏貼，再將其反面。

4 反面後於下端兩邊往中間抓黏。

5 黏好耳朵型後，將二耳黏於步驟 2 的髮箍上。

6 最後再把頭部與髮箍黏合即完成。

● 老虎的基本分解

紙型P114~P117

牛的製作重點：

1 各部份依紙型剪下後組合。

2 先將牛角和牛耳黏上髮箍後，再黏頭部。

龍的製作重點：

1 龍角以金色緞帶貼斜紋。

2 龍角和頭部貼上髮箍後，再以絨球作裝飾。

3 頭部基礎成形。

4 再陸續黏上其它部份，眼→眉→鼻，鼻子部份則穿過綠色束口袋繩作為龍鬚。

5 完成之側面圖。

蛇的製作重點：

1 蛇的舌頭中黏上一根鐵絲，再將其黏合。

2 加了鐵絲的舌頭，可以作彎曲。

紙型P114.P117
P118

羊的製作重點：

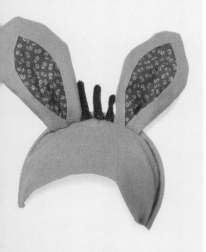

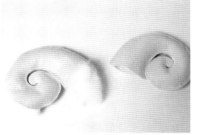

1 羊角無須翻面，黏好後塞入棉花。

馬的製作重點：

1 以碎花布來製作，亦有另一番風格，先黏上後，反回另一面。

2 將羊角和頭部黏於髮箍上後，以白絨球來表現羊毛感覺。

猴的製作重點：

2 以毛根做馬鬃，直接黏在髮箍上。

3 把頭部都黏滿白絨毛球即完成。

● 各部份的組合，毛根以箍綁的方式綁於髮箍上。

紙型P114.P116
P118.P119

狗

豬

雞

● 雞嘴塞入些少許棉花,使其
顯得立體,並於底部塗上熱熔
膠,黏於髮箍外部(側面)。

狗的製作重點：

1 將狗耳朵黏入一根細太卷。（狗耳朵製作技巧同兔子耳朵）

2 由於加入易彎折的細太卷，使得耳朵可以隨意定型。

3 最後黏於髮箍上即可。

豬的製作重點：

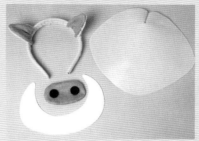

1 各部份的分解。

2 不織布剪成細條，並一一黏於頭部上，黏尾端部份即可。

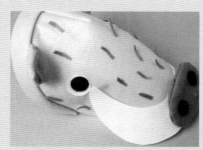

3 眼睛、鼻孔部份可以利用圓形魔鬼氈來表現。

第2單元-才藝表演

舞台背景

〈森林景〉

第2單元-才藝表演

舞台背景〈都市景〉

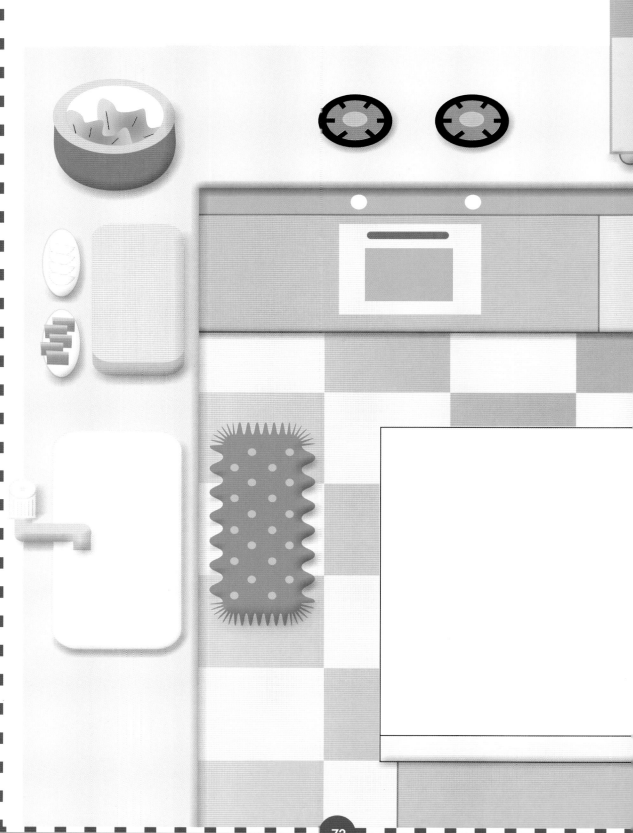

第2單元-才藝表演

舞台背景

〈室內景〉

第2單元-才藝表演

人物特寫

護士─讓小朋友穿著白色衣服，戴上護士帽，拿著針筒，搖身一變可愛的小南丁格爾。

針筒利用珍珠板來製作，小朋友可以輕鬆的提拿，自在的唱遊。

針筒參考紙型
P120

針筒製造成可活動式針筒，照紙型和步驟一起做吧！

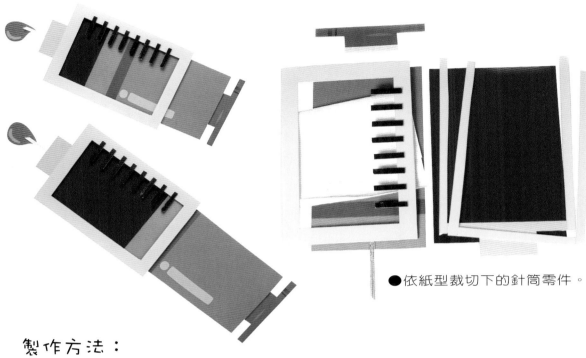

●依紙型裁切下的針筒零件。

製作方法：

1 一層層向上貼，以雙面膠來黏貼即可。

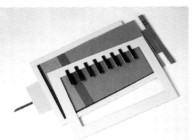

2 筒心是活動式的，故不必黏上針筒。

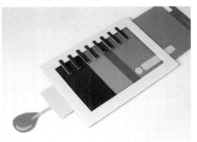

3 最後黏上有刻度的外框即完成，可再加些裝飾，如光澤、水滴。

護士帽製作方法：

紙型P123

1 依紙型剪下護士帽型，並準備一個髮箍。

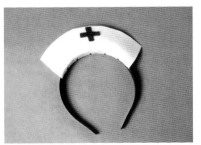

2 黏於髮箍內，貼上十字即完成。

第2單元-才藝表演

警察—準備西卡紙、不織布和透明膠布，工具為魔鬼氈和熱熔膠，小小的交通警察模樣可以簡單完成。

帽子製作方法：

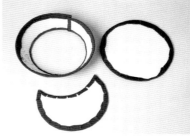

1 將不織布剪下後貼於西卡紙上。

2 最後將其組合黏好。

3 完成之內部圖。

帽子紙型

P122.P123

背心製作方法：
參考紙型P121

1.依紙型剪下背心形。

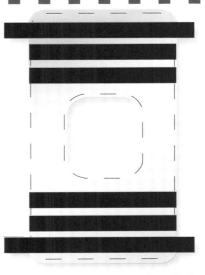

2.將紅色不織布貼於〝黏貼處〞。

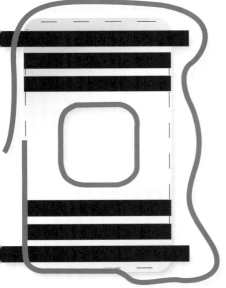

3.剪下藍色不織布約1cm寬之布條，沿邊緣黏貼。

背部的紅色布條

魔鬼氈

4.邊線黏好後，在背部的紅色布條兩邊貼上魔鬼氈。

警察

警察

警察察

5.在紙型後方墊上卡點西德，將字體剪下。

6.將字體黏上即完成。

第2單元-才藝表演

人 物 特 寫

小侍女─甜美可愛的小侍女，簡單的帽子製作、圍裙的蕾絲花邊，照著紙型作，輕鬆完成。

帽子紙型P123
裙子參考紙型
P126

準備材料：不織布、小碎花緞帶、亮片、髮箍、紗網、白網布、徽章。

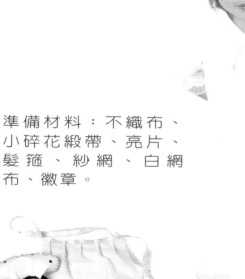

帽子製作方法：

1 紙型剪下後，黏於髮箍上。

2 在邊緣黏上碎花緞帶。

3 貼上亮片即完成帽子。

裙子製作方法：

1 打摺處以熱熔膠黏好，下擺以碎花緞帶裝飾。

2 白網布打摺處先黏好，紗網黏於其後方。

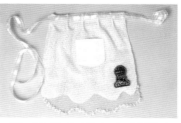

3 最後白網布上反摺穿上緞帶即完成。

魚販　紙型P124.P125

準備材料：不織布、緞帶（藍）、細太卷、瓦楞紙板、金色緞帶、亮片緞帶、圓形亮片。

魚製作方法：

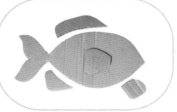

1 依紙型剪裁瓦楞紙板。

2 以不織布來包黏。

3 以金色緞帶黏鰭、尾；圓形亮片表現魚鱗，像真的魚鱗一樣。

● 以電腦打出「勘亭流」字體的「漁」字，列印出後與卡點西德訂在一起，並剪下。

圍裙製作方法：

1 依紙型剪下圍裙的圖案和圍裙，並一一貼上。

2 縮口則以上端反摺黏邊，緞帶穿過即可。

頭巾製作方法：

1 將細太卷穿入白布二邊纏緊，並把右邊塞進左邊黏合。

2 再將蝴蝶結黏上即完成。

第3單元

小魔女Do Re Mi

花仙子

小青蛙

小鴨鴨

第3單元-唱遊表演

小魔女 Do Re Mi

　　流行的卡通造型是小朋友的最愛，將她們裝扮成小魔女造型，擺出最可愛的POSE，成為全場最出眾的角色。

春風Do Re Mi

姓名：春風DoReMi(DoReMi)

生日：7月30日

年齡：12（日本播映第4部時-2002年）

血型：B型

嗜好：食牛扒

班級：6年1班

人物介紹：DoReMi是這部卡通的主角，因她那種大意的性格，常常會製造不少爆笑的場面；而她的另一種性格（追求男仔），則帶給別人不少誤會。

藤原初貴

姓名：藤原初貴（Hozuki）

生日：2月14日

年齡：12（日本播映第4部時-2002年）

血型 ：A型

嗜好：閱書、扮靚

班級 ：6年2班

人物介紹：藤原初貴是一位品學兼優的小魔女，與DoReMi剛相反， 所以意見有時也不一致 。

瀨川音符

姓名：瀨川音符(Onpu)
生日：7月30日
生日：3月3日
班級：6年2班
年齡：12（日本播映第4部時-2002年）
血型：B型
嗜好：唱歌
人物介紹：音符的法力高強，差不多每次都是跳關進級的。剛開始 她經常利用魔法改變別人思想，給別人的印象並不好！經大家的勸告後，戒除了這壞習慣 。

飛鳥桃子

姓名：飛鳥桃子(Momoko)
生日：5月6日
年齡：12（日本播映第4部時-2002年）
血型：AB型
班級：6年1班
嗜好：整甜品
人物介紹：飛鳥桃子是在第三部出現的新角色，她本來居住紐約，所以她的日文不太好，需要靠翻譯器將英文翻譯成日文。

妹尾愛子

姓名:妹尾愛子（Aiko）
生日:11月14日
班級：6年2班
年齡：12（日本播映第四部時－－－2002年）
血型：O型
嗜好：任何體育運動、吹口琴
人物介紹:妹尾愛子不但愛好運動、而且是一
位傑出的運動員喔。

● 帽子

準備材料—瓦楞紙板、不織布、細太卷、棉花、保麗龍球、毛線紅色。

參考紙型P126.P127

帽子製作方法：
（其它顏色帽子與藍色帽子同作法作法。）

1 依紙型裁下瓦楞紙板作帽簷。

2 帽頂裁下後兩邊黏合翻至另一面，再穿入細太卷，靠邊黏好。

3 外圍貼一層深藍色不織布。

4 將帽簷的上面/外面，包黏不織布，再將帽頂黏上帽簷（黏齒腳）。

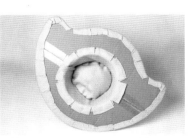

5 黏好後塞入棉花。

再貼上一圓不織布。

6 再貼上一圓不織布。

7 最後再將帽簷部份下面/底面黏二即完成。

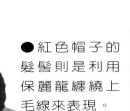

● 紅色帽子的髮鬃則是利用保麗龍纏繞上毛線來表現。

紙型P128

● 袖子與裙子

（它色與藍色同作法）

準備材料：不織布、鐵
絲、鬆緊帶、魔鬼氈、透
明膠帶。

裙子製作方法：

1 將所須之材料工具準備好。

2 利用魔鬼氈來調節腰圍大小。

3 裙葉皆黏上鐵絲，便可輕鬆定型。（作法如P67小狗耳朵）

4 再將裙葉黏上腰圍布條，以深藍→淺藍→藍由內向外黏。

5 一層一層黏上。

6 最後黏完裙葉之裙擺。

7 再黏上一層透明膠帶，使其更固定牢靠。

8 袖子件法：袖葉同裙葉作法，先以鐵絲定型。

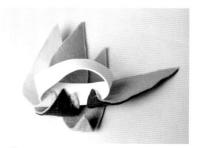

9 再黏上鬆緊帶即完成。

參考紙型P129

●衣服

準備材料：不織布（淺藍、深藍）、不織布（深紅、淺粉紅）、不織布（橘色、黃色）、魔鬼氈。

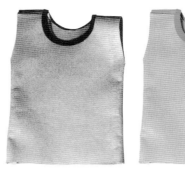

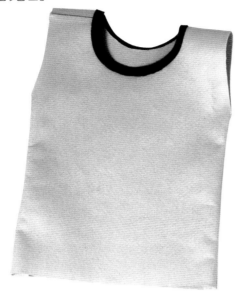

製作方法：

1 依紙型剪下不織布之衣型。

2 將衣服兩側黏好後翻面。

3 將右邊剪開，兩邊各向內摺黏約0.5公分。

4 貼上魔鬼氈，另一邊再多補一塊不織布。

5 待兩邊相黏後的領口型。

6 最後再黏上領口色條。

7 再貼上裝飾零件即完成。

●手套與手環
紙型P128

手套可以現成買來加工,也可以自己動手做,先描出孩子的手掌再加粗1公分來作成紙型,簡單又有趣。

準備材料:各色珠珠、細鬆緊帶、不織布(深藍、淺藍色)、不織布(深紅、淺粉紅)、不織布(橙色、黃色)。

製作方法:

1 手環一將珠珠穿過鬆緊帶,最後綁緊即完成。

2 手套一描下紙型剪下,將邊緣以熱熔膠黏好。

P.S另二組也以同製作方法製作。

3 外圍再加貼一層淺藍色不織布。

4 黏好後翻至內一面。(以老虎鉗輔助夾出。)

5 在正面(朝外的一面)剪出開口,即完成。

●零件/配件

　　魔法盤─利用剩餘的緞帶盤來製作，巧妙的製作出魔法盤的模樣。

●耳環

準備材料：耳環夾、保麗龍、壓克力顏料。

●將小保麗龍球切半，塗繪上藍色壓克力顏料，待乾後黏上耳環夾。

●魔法盤

準備材料有：緞帶盤、保麗龍球、壓克力顏料、色紙。

製作方法：

1 以緞帶盤作為底盤。

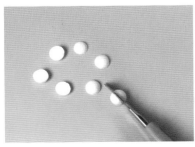

2 將小顆小保麗龍球切半，共四顆切半成八顆。

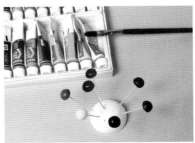

3 將保麗龍塗上壓克力顏料。

4 待乾後黏二底盤和圓紙片，音符即完成。

第3單元-唱遊表演

花仙子

利用浴帽黏
上小花朵，就像
一團團爭奇鬥艷的
繡花球，小朋友戴
上繡花球帽，舞動
著手腳，猶如花仙
子般在凡間自在的
跳躍著。

準備材料：皺棉
紙、毛根、浴
帽、綠色西卡
紙、細太卷、木
夾。

工具：粉彩、亮粉
膠帶、老虎鉗。

製作方法：

1 將皺棉紙疊成一疊，先對摺一次。

2 再對摺一次。

3 再摺成三角形，並剪成弧形。

4 攤開後即成繡花球形，可多色組合。

5 一一貼上裕帽。

5 將毛根剪成一小段一小段。

7 將毛根黏於浴帽上的繡花球，作成花蕊。

8 剪下葉子型，並塗抹上綠色粉彩。

9 以細太卷作為葉脈，用熱熔膠來固定葉型和細太卷。

10 塗上亮粉膠水作裝點。

11 在葉子背面黏上木夾。（可夾於衣服上）

12 完成。

第3單元-唱遊表演

小青蛙

紙型P131

準備材料：保麗龍球、
珍珠板、不織布綠色、
魔鬼氈、亮片。

青蛙製作方法：

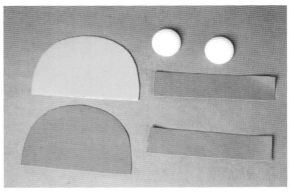

1 依紙型裁出零件分組。

2 將不織布黏上珍珠板，保麗龍球切半貼上眼珠，和亮片做為鼻孔。

3 頭套以魔鬼氈作調節，可調整大小。

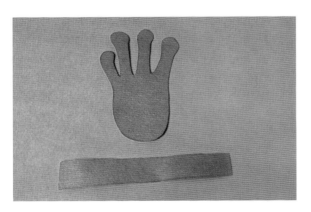

4 蛙蹼和腳繫帶。

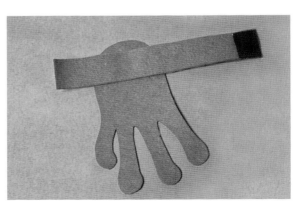

5 蹼黏上帶子後，同樣以魔鬼氈作調節。

第3單元-唱遊表演

紙型P130

準備材料：珍珠板、不織
布黃色、魔鬼氈、亮片。

鴨子製作方法：

1 將紙型一一剪下各部份。

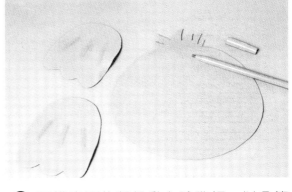

2 不織布頭的部份黏上珍珠板，以色筆塗色。

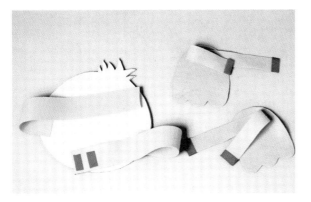

3 頭帶和腳環部份皆以魔鬼氈作調節。

4 頭部貼上眼睛和嘴部即完成。

P.20著色稿

P.12生日會紙型
影印放大130％

影印放大
130％
P.14生日會
紙型

影印放大
140%

P.18
畢業典禮紙型

影印放大
100％

歡送會紙型

影印放大100%

最底層

摸彩箱

第二層

摸彩箱

最上層

p22皇冠紙型

花圈紙型

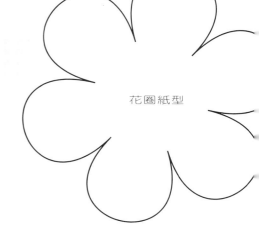

P24.26.27隊徽
影印放大100％

23公分

9.5公分

P29壽星帽參考紙型

62公分

2.5公分

9.5公分

P31.32.33
眼罩紙型
影印放大100%

P41哈利波特領帶紙型
影印放大100％

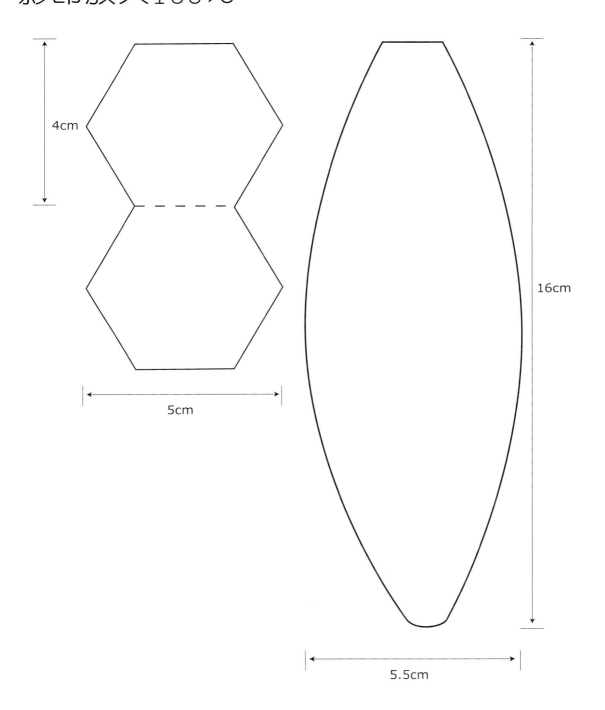

4cm

5cm

16cm

5.5cm

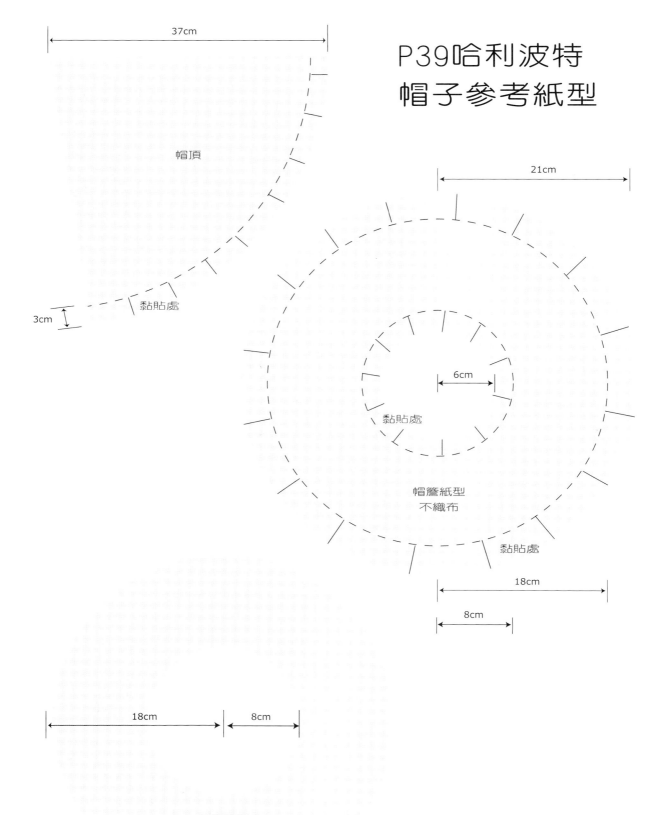

37cm

帽頂

黏貼處

3cm

P39哈利波特
帽子參考紙型

21cm

6cm

黏貼處

帽簷紙型
不織布

黏貼處

18cm

8cm

18cm

8cm

帽簷紙型
不織布、瓦楞紙

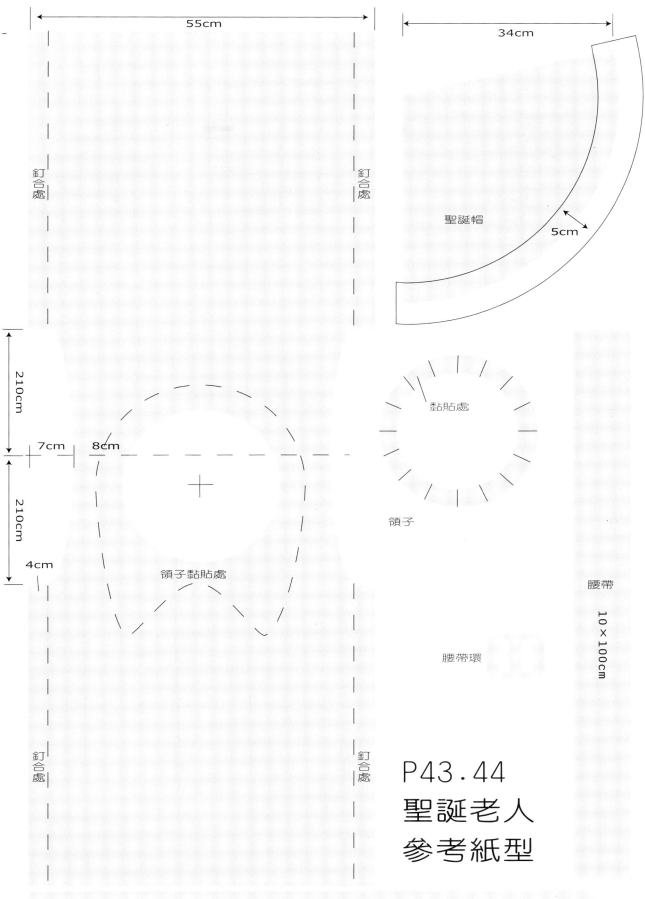

55cm

34cm

釘合處

釘合處

聖誕帽

5cm

210cm

黏貼處

7cm

8cm

領子

210cm

4cm

領子黏貼處

腰帶

腰帶環

10×100cm

釘合處

釘合處

P43.44
聖誕老人
參考紙型

下襬　5×100cm

P60鼠、兔、虎
頭部紙型
P62牛、龍、蛇
頭部紙型
P64馬、羊
頭部紙型
P66狗頭部紙型
影印放大105％

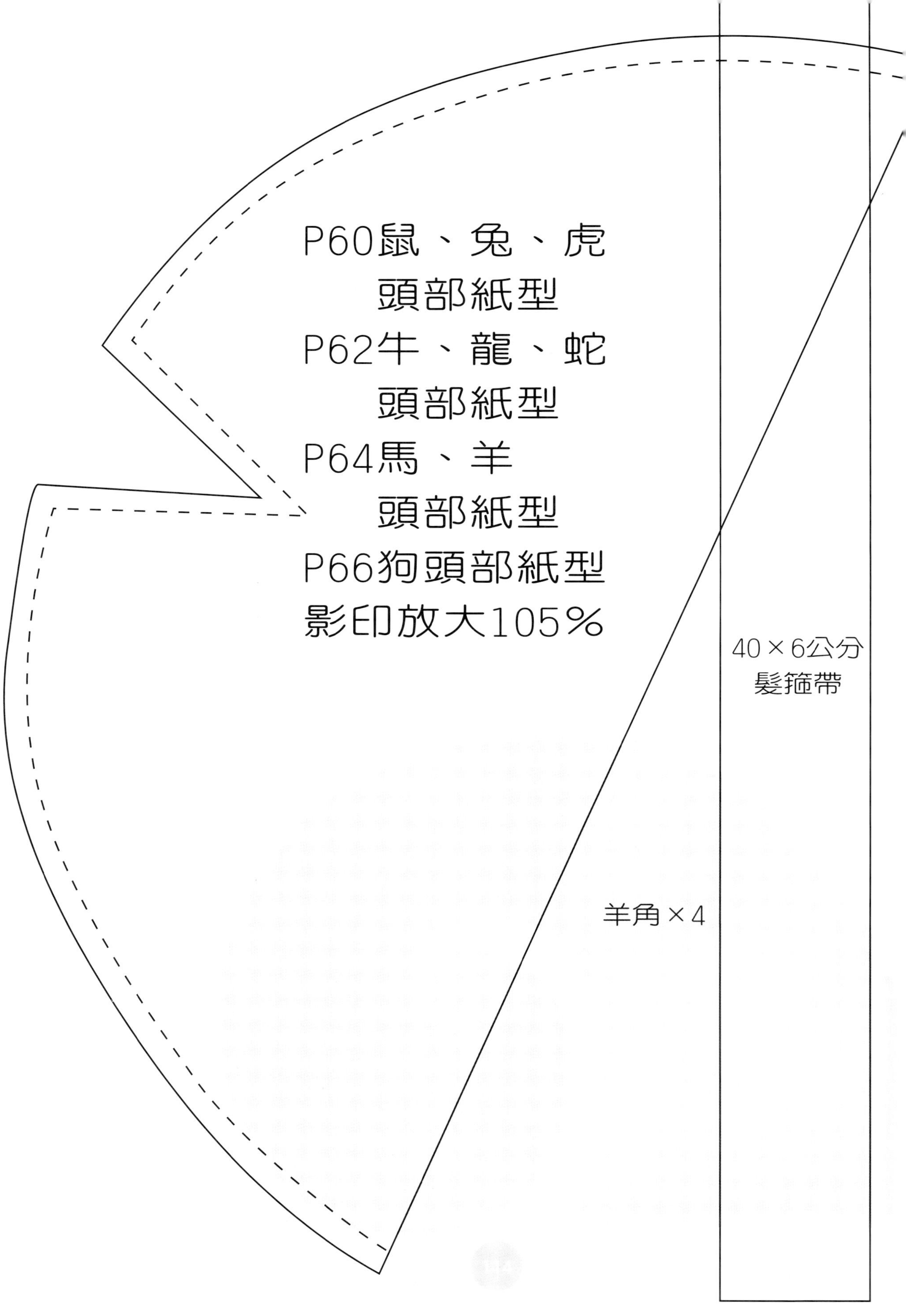

40×6公分
髮箍帶

羊角×4

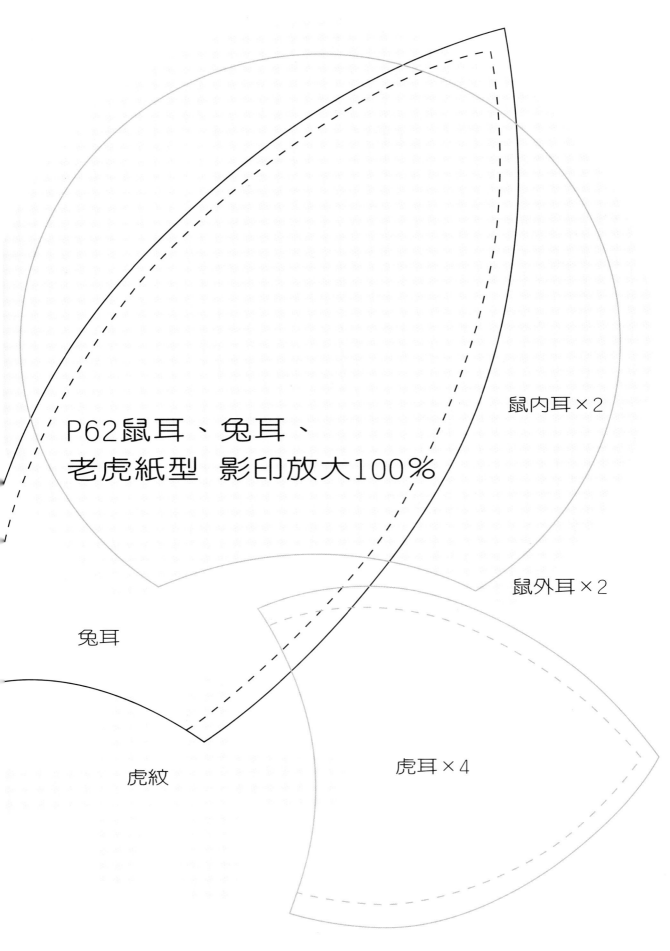

P62鼠耳、兔耳、
老虎紙型 影印放大100％

鼠內耳×2

鼠外耳×2

兔耳

虎紋

虎耳×4

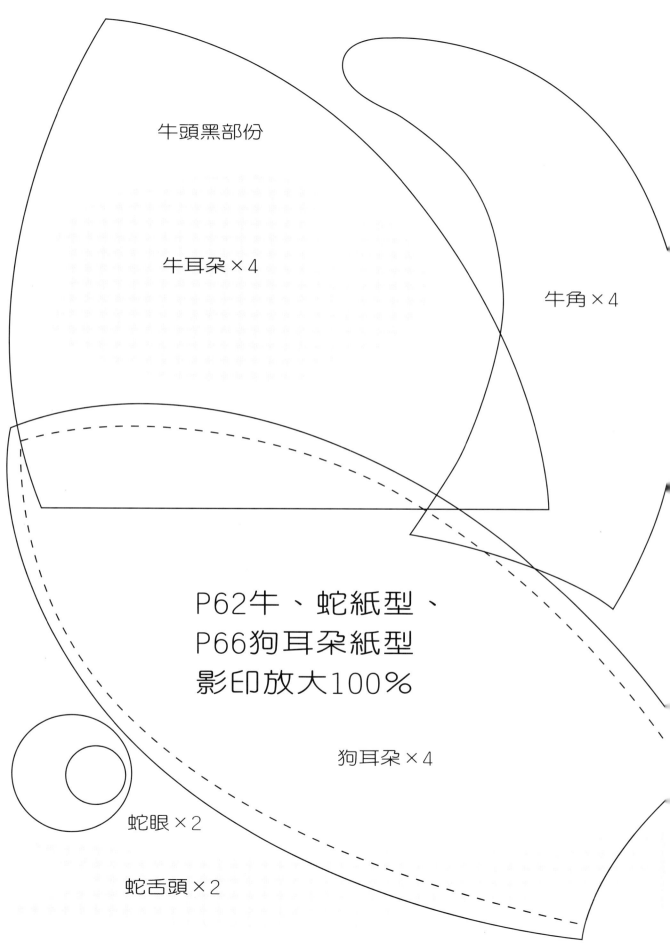

牛頭黑部份

牛耳朵×4

牛角×4

P62牛、蛇紙型、
P66狗耳朵紙型
影印放大100%

狗耳朵×4

蛇眼×2

蛇舌頭×2

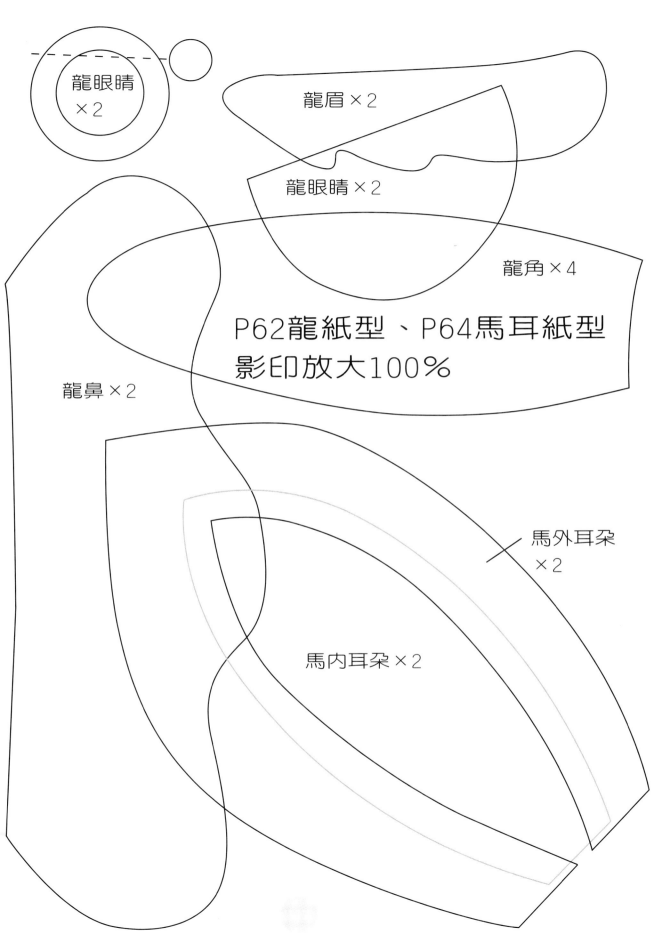

龍眼睛
×2

龍眉×2

龍眼睛×2

龍角×4

P62龍紙型、P64馬耳紙型
影印放大100％

龍鼻×2

馬外耳朵
×2

馬內耳朵×2

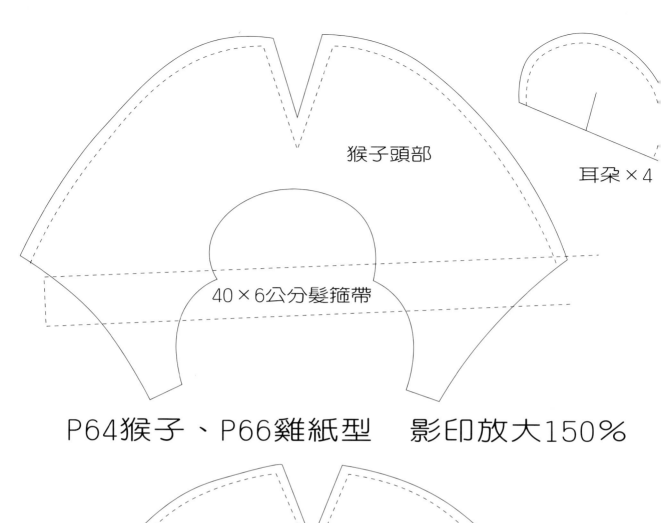

猴子頭部

耳朵×4

40×6公分髮箍帶

P64猴子、P66雞紙型　影印放大150%

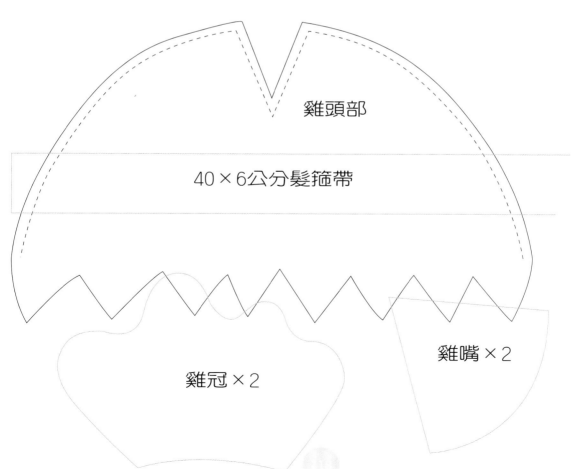

雞頭部

40×6公分髮箍帶

雞冠×2

雞嘴×2

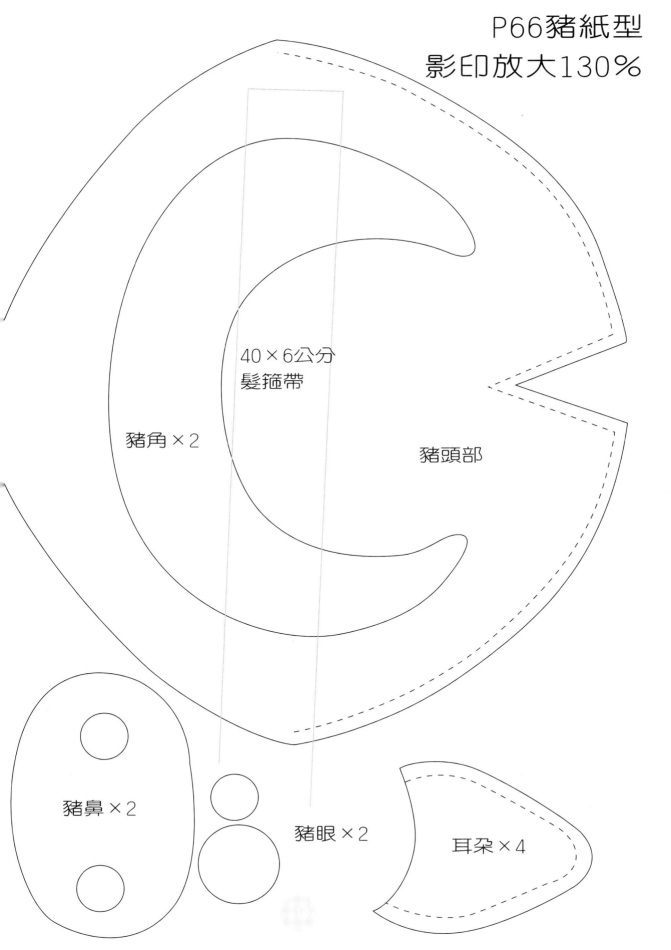

P66豬紙型
影印放大130％

40×6公分
髮箍帶

豬角×2

豬頭部

豬鼻×2

豬眼×2

耳朵×4

P75針筒參考紙型

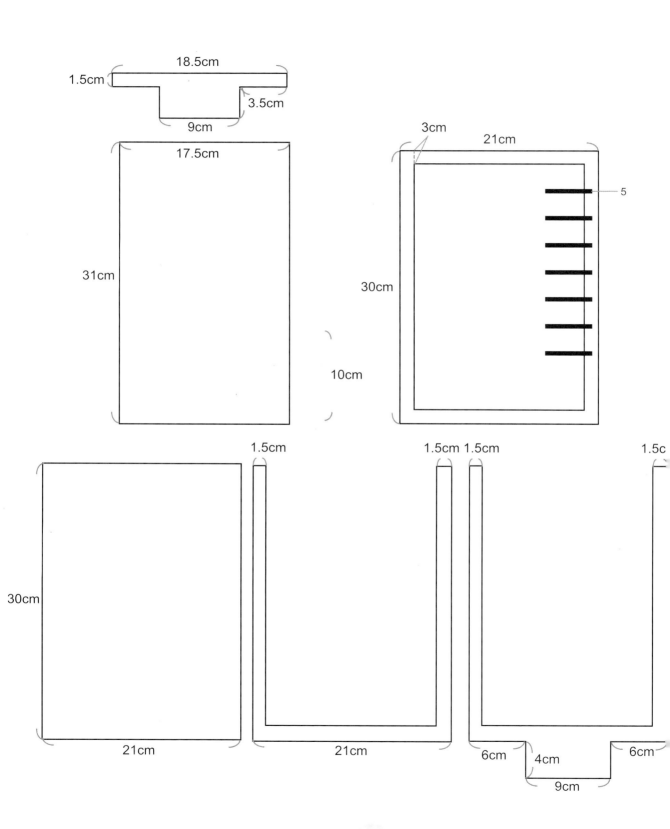

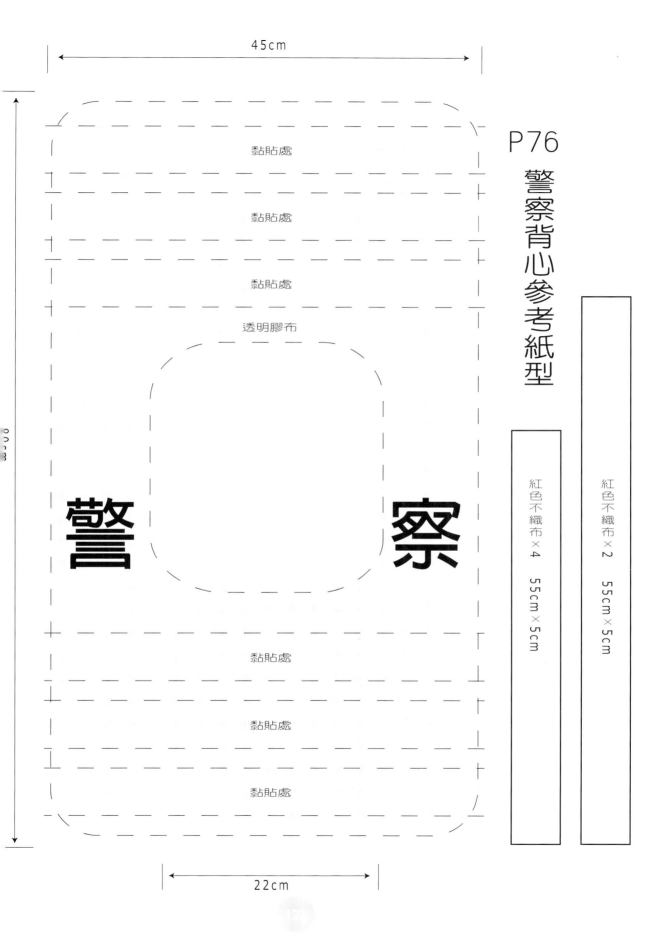

45cm

P76

警察背心參考紙型

黏貼處

黏貼處

黏貼處

透明膠布

警　　　察

黏貼處

黏貼處

黏貼處

紅色不織布×4　55cm×5cm

紅色不織布×2　55cm×5cm

22cm

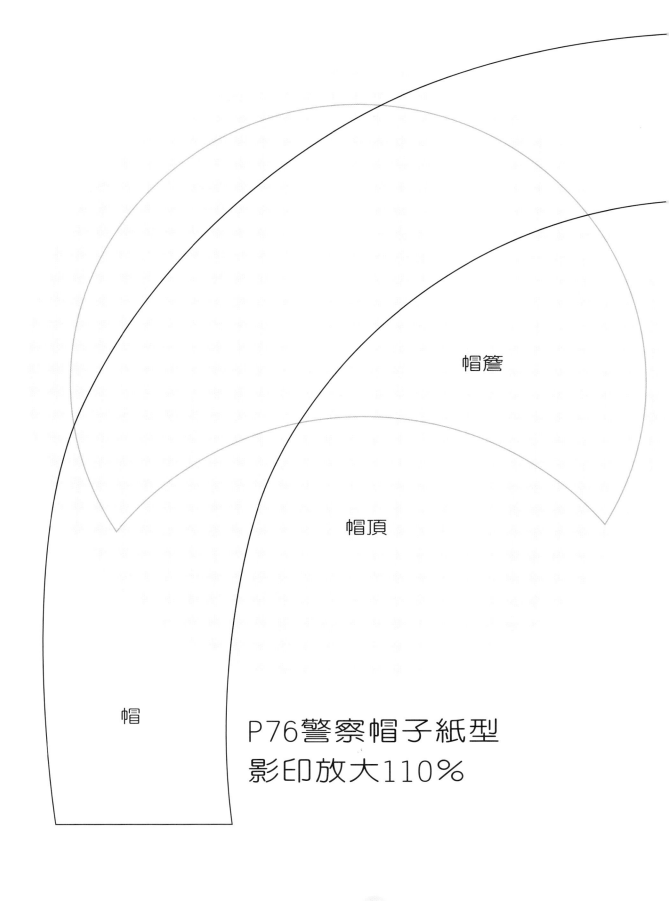

帽簷

帽頂

帽

P76警察帽子紙型
影印放大110％

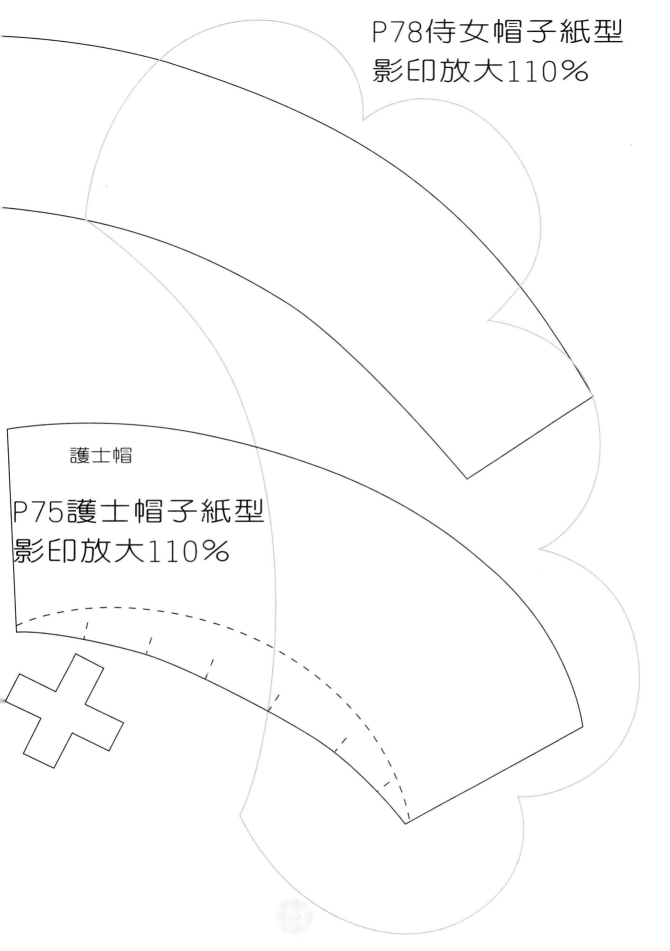

P78侍女帽子紙型
影印放大110％

護士帽

P75護士帽子紙型
影印放大110％

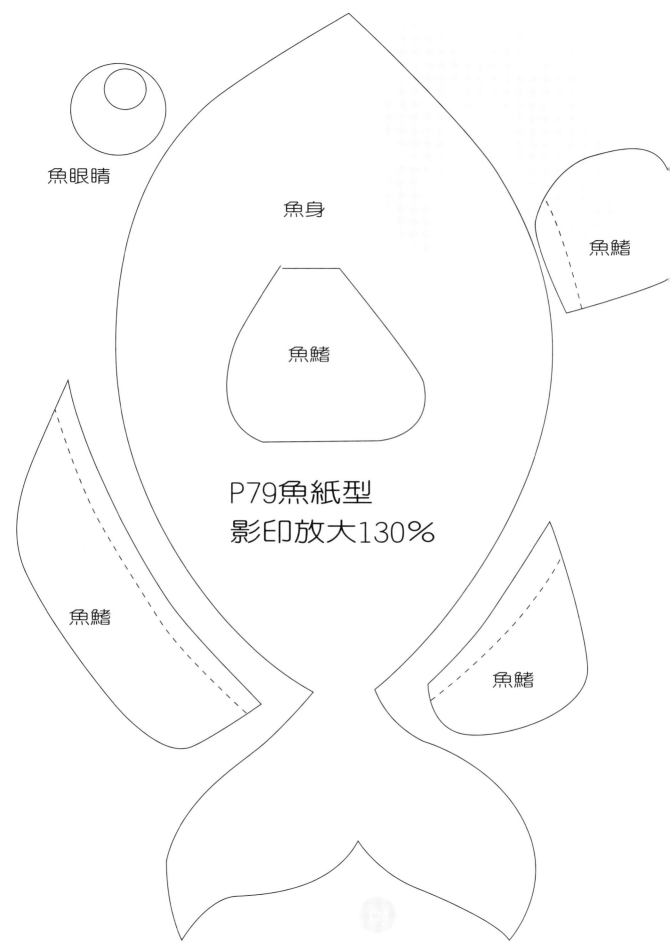

魚眼睛

魚身

魚鰭

魚鰭

魚鰭

魚鰭

P79魚紙型
影印放大130%

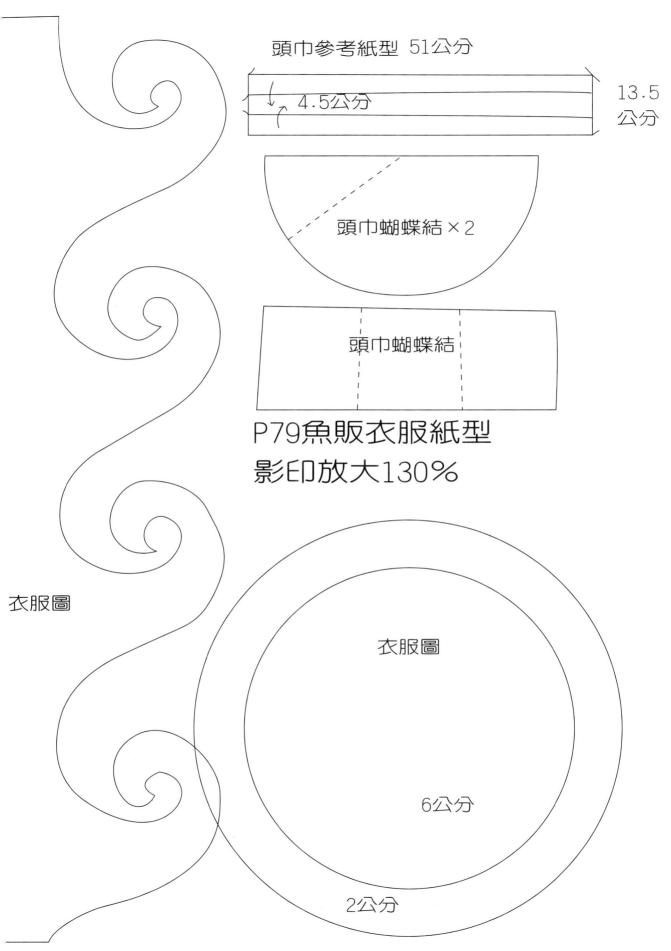

頭巾參考紙型 51公分

4.5公分

13.5公分

頭巾蝴蝶結×2

頭巾蝴蝶結

P79魚販衣服紙型
影印放大130％

衣服圖

衣服圖

6公分

2公分

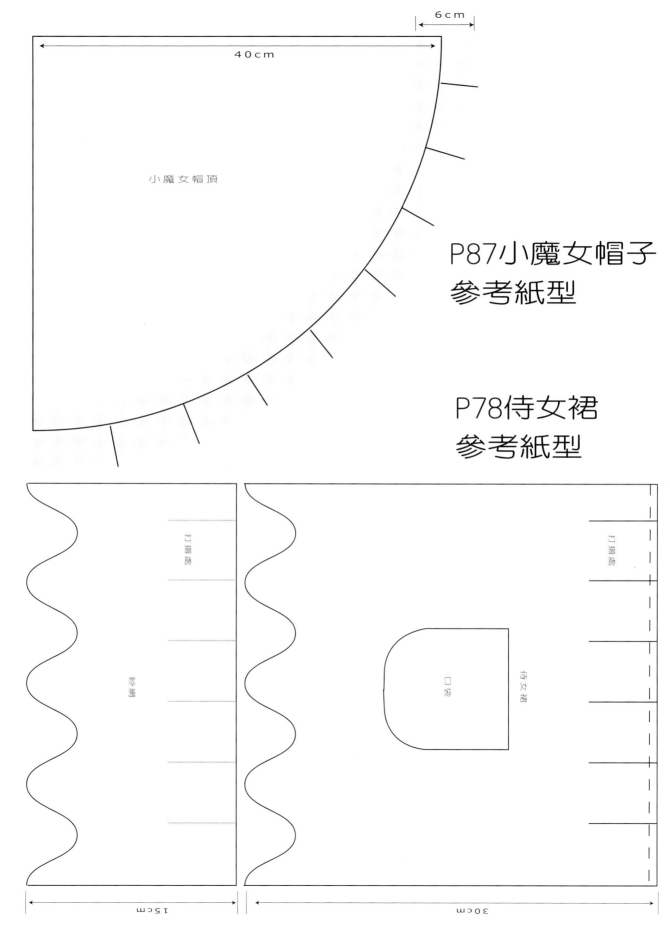

6cm

40cm

小魔女帽頂

P87小魔女帽子
參考紙型

P78侍女裙
參考紙型

打摺處

紗裙

打摺處

侍女裙

口袋

15cm

30cm

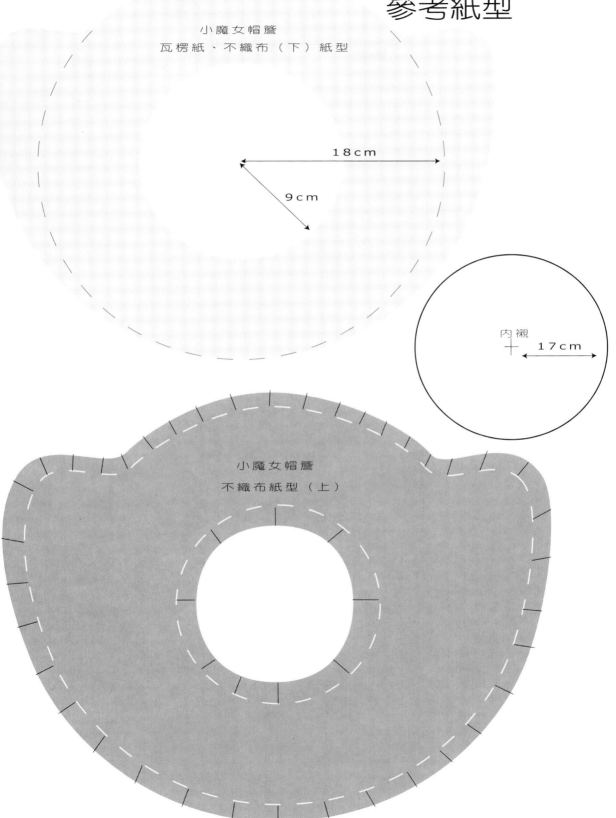

P87小魔女帽子
參考紙型

小魔女帽簷
瓦楞紙、不織布（下）紙型

18cm

9cm

內襯

17cm

小魔女帽簷
不織布紙型（上）

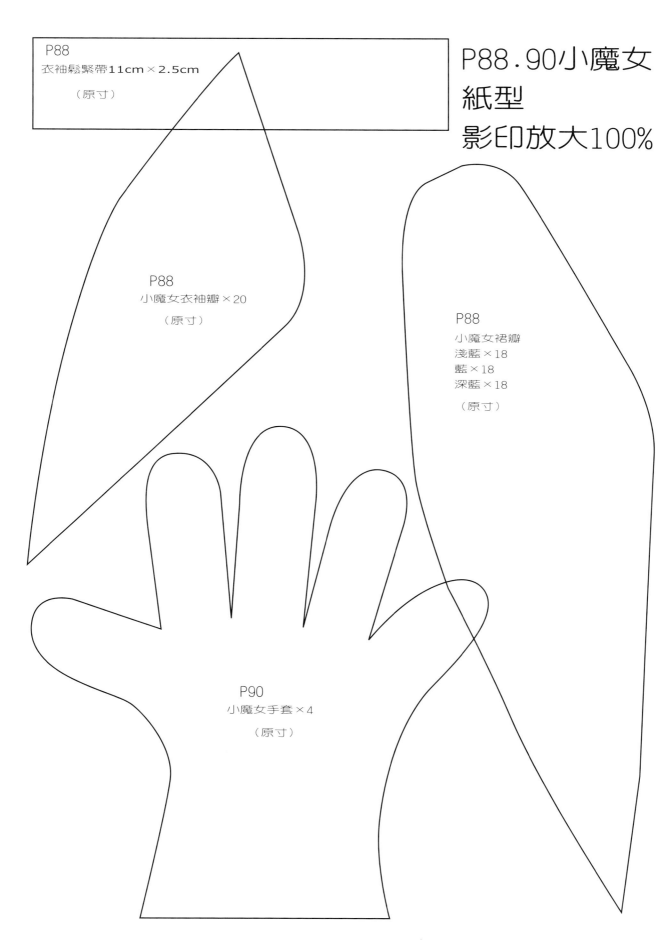

P88
衣袖鬆緊帶11cm×2.5cm
（原寸）

P88・90小魔女
紙型
影印放大100%

P88
小魔女衣袖瓣×20
（原寸）

P88
小魔女裙瓣
淺藍×18
藍×18
深藍×18
（原寸）

P90
小魔女手套×4
（原寸）

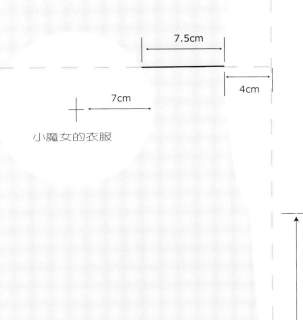

P89小魔女衣服
參考紙型

6cm

8cm

裙腰帶70cm×6cm（透明膠布）

裙腰帶60cm×5cm（藍色不織布）

80cm

7.5cm

7cm

4cm

小魔女的衣服

25cm

35cm

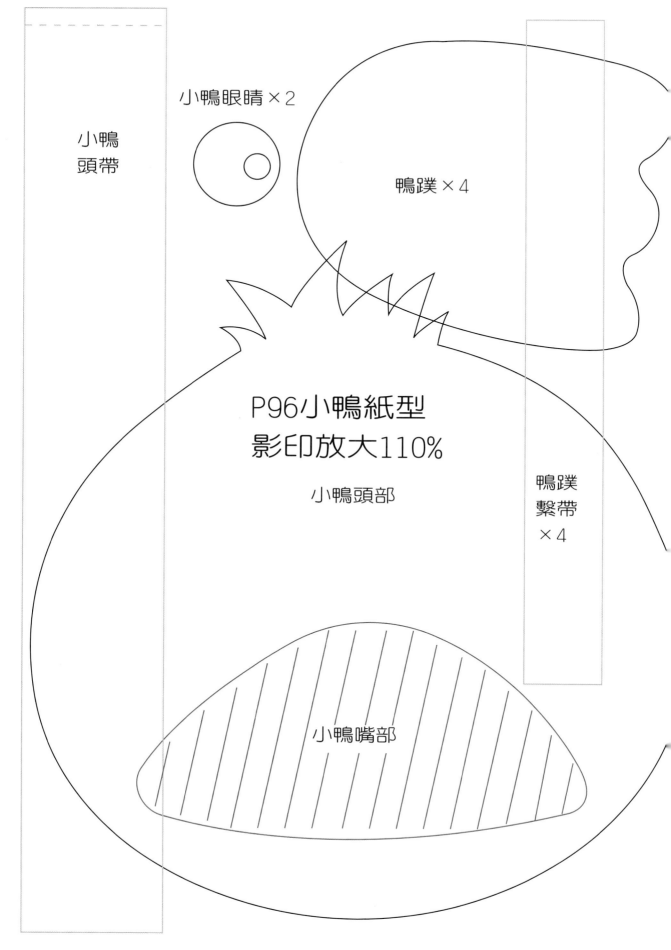

小鴨眼睛×2

鴨蹼×4

小鴨
頭帶

P96小鴨紙型
影印放大110%

小鴨頭部

鴨蹼
繫帶
×4

小鴨嘴部

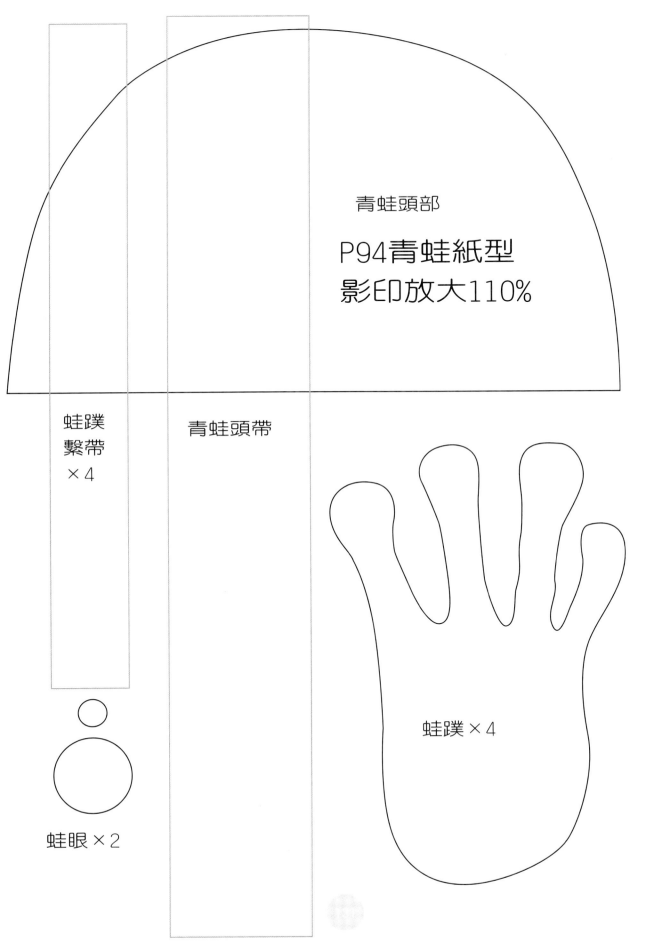

青蛙頭部

P94青蛙紙型
影印放大110%

蛙蹼
繫帶
×4

青蛙頭帶

蛙蹼 × 4

蛙眼 × 2

一. 美術設計類

代碼	書名	定價
00001-01	新插畫百科(上)	400
00001-02	新插畫百科(下)	400
00001-04	世界名家包裝設計(大8開)	600
00001-06	世界名家插畫專輯(大8開)	600
00001-09	世界名家兒童插畫(大8開)	650
00001-05	藝術.設計的平面構成	380
00001-10	商業美術設計(平面應用篇)	450
00001-07	包裝結構設計	400
00001-11	廣告視覺媒體設計	400
00001-15	應用美術.設計	400
00001-16	插畫藝術設計	400
00001-18	基礎造型	400
00001-21	商業電腦繪圖設計	500
00001-22	商標造型創作	380
00001-23	插畫彙編(事物篇)	380
00001-24	插畫彙編(交通工具篇)	380
00001-25	插畫彙編(人物篇)	380
00001-28	版面設計基本原理	480
00001-29	D.T.P(桌面排版)設計入門	480
X0001	印刷設計圖案(人物篇)	380
X0002	印刷設計圖案(動物篇)	380
X0003	圖案設計(花木篇)	350
X0015	裝飾花邊圖案集成	450
X0016	實用聖誕圖案集成	380

二. POP 設計

代碼	書名	定價
00002-03	精緻手繪POP字體3	400
00002-04	精緻手繪POP海報4	400
00002-05	精緻手繪POP展示5	400
00002-06	精緻手繪POP應用6	400
00002-08	精緻手繪POP字體8	400
00002-09	精緻手繪POP插圖9	400
00002-10	精緻手繪POP畫典10	400
00002-11	精緻手繪POP個性字11	400
00002-12	精緻手繪POP校園篇12	400
00002-13	POP廣告 1.理論&實務篇	400
00002-14	POP廣告 2.麥克筆字體篇	400
00002-15	POP廣告 3.手繪創意字篇	400
00002-18	POP廣告 4.手繪POP製作	400

代碼	書名	定價
00002-22	POP廣告 5.店頭海報設計	450
00002-21	POP廣告 6.手繪POP字體	400
00002-26	POP廣告 7.手繪海報設計	450
00002-27	POP廣告 8.手繪軟筆字體	400
00002-16	手繪POP的理論與實務	400
00002-17	POP 字體篇-POP 正體自學1	450
00002-19	POP 字體篇-POP 個性自學2	450
00002-20	POP 字體篇-POP 變體字3	450
00002-24	POP 字體篇-POP 變體字4	450
00002-31	POP 字體篇-POP 創意自學5	450
00002-23	海報設計 1. POP秘笈-學習	500
00002-25	海報設計 2. POP秘笈-綜合	450
00002-28	海報設計 3.手繪海報	450
00002-29	海報設計 4.精緻海報	500
00002-30	海報設計 5.店頭海報	500
00002-32	海報設計 6.創意海報	450
00002-34	POP高手1-POP字體(變體字)	400
00002-33	POP高手2-POP商業廣告	400
00002-35	POP高手3-POP廣告實例	400
00002-36	POP高手4-POP實務	400
00002-39	POP高手5-POP插畫	400
00002-37	POP高手6-POP視覺海報	400
00002-38	POP高手7-POP校園海報	400

三.室內設計透視圖

代碼	書名	定價
00003-01	籃白相間裝飾法	450
00003-03	名家室內設計作品專集(8開)	600
00002-05	室內設計製圖實務與圖例	650
00003-05	室內設計製圖	650
00003-06	室內設計基本製圖	350
00003-07	美國最新室內透視圖表現1	500
00003-08	展覽空間規劃	650
00003-09	店面設計入門	550
00003-10	流行店面設計	450
00003-11	流行餐飲店設計	480
00003-12	居住空間的立體表現	500
00003-13	精緻室內設計	800
00003-14	室內設計製圖實務	450
00003-15	商店透視-麥克筆技法	500
00003-16	室內外空間透視表現法	480
00003-18	室內設計配色手冊	350

00003-21	休閒俱樂部.酒吧與舞台	1,200
00003-22	室內空間設計	500
00003-23	櫥窗設計與空間處理(平)	450
00003-24	博物館&休閒公園展示設計	800
00003-25	個性化室內設計精華	500
00003-26	室內設計&空間運用	1,000
00003-27	萬國博覽會&展示會	1,200
00003-33	居家照明設計	950
00003-34	商業照明-創造活潑生動的	1,200
00003-29	商業空間-辦公室.空間.傢俱	650
00003-30	商業空間-酒吧.旅館及餐廳	650
00003-31	商業空間-商店.巨型百貨公司	650
00003-35	商業空間-辦公傢俱	700
00003-36	商業空間-精品店	700
00003-37	商業空間-餐廳	700
00003-38	商業空間-店面櫥窗	700
00003-39	室內透視繪製實務	600
00003-40	家居空間設計與快速表現	450
00003-41	室內空間徒手表現	600

四.圖學

代碼	書名	定價
00004-01	綜合圖學	250
00004-02	製圖與識圖	280
00004-04	基本透視實務技法	400
00004-05	世界名家透視圖全集(大8開)	600

五.色彩配色

代碼	書名	定價
00005-01	色彩計畫(北星)	350
00005-02	色彩心理學-初學者指南	400
00005-03	色彩與配色(普級版)	300
00005-05	配色事典(1)集	330
00005-05	配色事典(2)集	330
00005-07	色彩計畫實用色票集+129a	480

六. SP 行銷.企業識別設計

代碼	書名	定價
00006-01	企業識別設計(北星)	450
B0209	企業識別系統	400
00006-02	商業名片(1)-(北星)	450
00006-03	商業名片(2)-創意設計	450
00006-05	商業名片(3)-創意設計	450

00006-06	最佳商業手冊設計	600
A0198	日本企業識別設計(1)	400
A0199	日本企業識別設計(2)	400

七.造園景觀

代碼	書名	定價
00007-01	造園景觀設計	1,200
00007-02	現代都市街道景觀設計	1,200
00007-03	都市水景設計之要素與概	1,200
00007-05	最新歐洲建築外觀	1,500
00007-06	觀光旅館設計	800
00007-07	景觀設計實務	850

八. 繪畫技法

代碼	書名	定價
00008-01	基礎石膏素描	400
00008-02	石膏素描技法專集(大8開)	450
00008-03	繪畫思想與造形理論	350
00008-04	魏斯水彩畫專集	650
00008-05	水彩靜物圖解	400
00008-06	油彩畫技法1	450
00008-07	人物靜物的畫法	450
00008-08	風景表現技法 3	450
00008-09	石膏素描技法4	450
00008-10	水彩.粉彩表現技法5	450
00008-11	描繪技法6	350
00008-12	粉彩表現技法7	400
00008-13	繪畫表現技法8	500
00008-14	色鉛筆描繪技法9	400
00008-15	油畫配色精要10	400
00008-16	鉛筆技法11	350
00008-17	基礎油畫12	450
00008-18	世界名家水彩(1)(大8開)	650
00008-20	世界水彩畫家專集(3)(大8開)	650
00008-22	世界名家水彩專集(5)(大8開)	650
00008-23	壓克力畫技法	400
00008-24	不透明水彩技法	400
00008-25	新素描技法解說	350
00008-26	畫鳥.話鳥	450
00008-27	噴畫技法	600
00008-29	人體結構與藝術構成	1,300
00008-30	藝用解剖學(平裝)	350

郵撥：0510716-5　　陳偉賢　　地址：北縣中和市中和路322號8F之1

TEL：29207133・29278446　　FAX：29290713

代碼	書名	定價
00008-65	中國畫技法(CD/ROM)	500
00008-32	千嬌百態	450
00008-33	世界名家油畫專集(大8開)	650
00008-34	插畫技法	450
00008-37	粉彩畫技法	450
00008-38	實用繪畫範本	450
00008-39	油畫基礎畫法	450
00008-40	用粉彩來捕捉個性	550
00008-41	水彩拼貼技法大全	650
00008-42	人體之美實體素描技法	400
00008-44	噴畫的世界	500
00008-45	水彩技法圖解	450
00008-46	技法1-鉛筆畫技法	350
00008-47	技法2-粉彩筆畫技法	450
00008-48	技法3-沾水筆.彩色墨水技法	450
00008-49	技法4-野生植物畫法	400
00008-50	技法5-油畫質感	450
00008-57	技法6-陶藝教室	400
00008-59	技法7-陶藝彩繪的裝飾技巧	450
00008-51	如何引導觀畫者的視線	450
00008-52	人體素描-裸女繪畫的姿勢	400
00008-53	大師的油畫祕訣	750
00008-54	創造性的人物速寫技法	600
00008-55	壓克力膠彩全技法	450
00008-56	畫彩百科	500
00008-58	繪畫技法與構成	450
00008-60	繪畫藝術	450
00008-61	新麥克筆的世界	660
00008-62	美少女生活插畫集	450
00008-63	軍事插畫集	500
00008-64	技法6-品味陶藝專門技法	400
00008-66	精細素描	300
00008-67	手槍與軍事	350
00008-71	藝術讚頌	250

九. 廣告設計.企劃

代碼	書名	定價
00009-02	CI與展示	400
00009-03	企業識別設計與製作	400
00009-04	商標與CI	400
00009-05	實用廣告學	300
00009-11	1-美工設計完稿技法	300
00009-12	2-商業廣告印刷設計	450
00009-13	3-包裝設計典線面	450
00001-14	4-展示設計(北星)	450
00009-15	5-包裝設計	450
00009-14	CI視覺設計(文字媒體應用)	450
00009-16	被遺忘的心形象	150
00009-18	綜藝形象100序	150
00006-04	名家創意系列1-識別設計	1,200
00009-20	名家創意系列2-包裝設計	800
00009-21	名家創意系列3-海報設計	800
00009-22	創意設計-啟發創意的平面	850
Z0905	CI視覺設計(信封名片設計)	350
Z0906	CI視覺設計(DM廣告型1)	350
Z0907	CI視覺設計(包裝點線面1)	350
Z0909	CI視覺設計(企業名片吊卡)	350
Z0910	CI視覺設計(月曆PR設計)	350

十.建築房地產

代碼	書名	定價
00010-01	日本建築及空間設計	1,350
00010-02	建築環境透視圖-運用技巧	650
00010-04	建築模型	550
00010-10	不動產估價師實用法規	450
00010-11	經營實點-旅館聖經	250
00010-12	不動產經紀人考試法規	590
00010-13	房地41-民法概要	450
00010-14	房地47-不動產經濟法規精要	280
00010-06	美國房地產買賣投資	220
00010-29	實戰3-土地開發實務	360
00010-27	實戰4-不動產估價實務	330
00010-28	實戰5-產品定位實務	330
00010-37	實戰6-建築規劃實務	390
00010-30	實戰7-土地制度分析實務	300
00010-59	實戰8-房地產行銷實務	450
00010-03	實戰9-建築工程管理實務	390
00010-07	實戰10-土地開發實務	400
00010-08	實戰11-財務稅務規劃實務（上）	380
00010-09	實戰12-財務稅務規劃實務（下）	400
00010-20	寫實建築表現技法	600
00010-39	科技產物環境規劃與區域	300
00010-41	建築物噪音與振動	600
00010-42	建築資料文獻目錄	450

代碼	書名	定價
00010-46	建築圖解-接待中心.樣品屋	350
00010-54	房地產市場景氣發展	480
00010-63	當代建築師	350
00010-64	中美洲-樂園貝里斯	350

十一. 工藝

代碼	書名	定價
00011-02	藤編工藝	240
00011-04	皮雕藝術技法	400
00011-05	紙的創意世界-紙藝設計	600
00011-07	陶藝娃娃	280
00011-08	木彫技法	300
00011-09	陶藝初階	450
00011-10	小石頭的創意世界(平裝)	380
00011-11	紙黏土1-黏土的遊藝世界	350
00011-16	紙黏土2-黏土的環保世界	350
00011-13	紙雕創作-餐飲篇	450
00011-14	紙雕嘉年華	450
00011-15	紙黏土白皮書	450
00011-17	軟陶風情畫	480
00011-19	談紙神工	450
00011-18	創意生活DIY(1)美勞篇	450
00011-20	創意生活DIY(2)工藝篇	450
00011-21	創意生活DIY(3)風格篇	450
00011-22	創意生活DIY(4)綜合媒材	450
00011-22	創意生活DIY(5)札貨篇	450
00011-23	創意生活DIY(6)巧飾篇	450
00011-26	DIY物語(1)織布風雲	400
00011-27	DIY物語(2)鐵的代誌	400
00011-28	DIY物語(3)紙黏土小品	400
00011-29	DIY物語(4)重慶深林	400
00011-30	DIY物語(5)環保超人	400
00011-31	DIY物語(6)機械主義	400
00011-32	紙藝創作1-紙塑娃娃(特價)	299
00011-33	紙藝創作2-簡易紙塑	375
00011-35	巧手DIY1紙黏土生活陶器	280
00011-36	巧手DIY2紙黏土裝飾小品	280
00011-37	巧手DIY3紙黏土裝飾小品 2	280
00011-38	巧手DIY4簡易的拼布小品	280
00011-39	巧手DIY5藝術麵包花入門	280
00011-40	巧手DIY6紙黏土工藝(1)	280
00011-41	巧手DIY7紙黏土工藝(2)	280

代碼	書名	定價
00011-42	巧手DIY8紙黏土娃娃(3)	280
00011-43	巧手DIY9紙黏土娃娃(4)	280
00011-44	巧手DIY10-紙黏土小飾物(1)	280
00011-45	巧手DIY11-紙黏土小飾物(2)	280
00011-51	卡片DIY1-3D立體卡片1	450
00011-52	卡片DIY2-3D立體卡片2	450
00011-53	完全DIY手冊1-生活啟室	450
00011-54	完全DIY手冊2-LIFE生活館	280
00011-55	完全DIY手冊3-綠野仙蹤	450
00011-56	完全DIY手冊4-新食器時代	450
00011-60	個性針織DIY	450
00011-61	織布生活DIY	450
00011-62	彩繪藝術DIY	450
00011-63	花藝禮品DIY	450
00011-64	節慶DIY系列1.聖誕饗宴-1	400
00011-65	節慶DIY系列2.聖誕饗宴-2	400
00011-66	節慶DIY系列3.節慶嘉年華	400
00011-67	節慶DIY系列4.節慶道具	400
00011-68	節慶DIY系列5.節慶卡麥拉	400
00011-69	節慶DIY系列6.節慶禮物包	400
00011-70	節慶DIY系列7.節慶佈置	400
00011-75	休閒手工藝系列1-鉤針玩偶	360
00011-76	親子同樂1-童玩勞作(特價)	280
00011-77	親子同樂2-紙藝勞作(特價)	280
00011-78	親子同樂3-玩偶勞作(特價)	280
00011-79	親子同樂5-自然科學勞作(特價)	280
00011-80	親子同樂4-環保勞作(特價)	280
00011-81	休閒手工藝系列2-銀編首飾	360
00011-82	休閒手工藝系列-3珠珠生活裝飾(特價)	299
00011-83	親子同樂6-可愛娃娃勞作 (特價)	299
00011-84	親子同樂7-生活萬象勞作 (特價)	299
00011-85	休閒手工藝系列4 - 芳香布娃娃	360

十二. 幼教

代碼	書名	定價
00012-01	創意的美術教室	450
00012-02	最新兒童繪畫指導	400
00012-03	幼教教具設計系列1- 教具製作設計	360
00012-04	教室環境設計	350
00012-05	教具製作與應用	350
00012-06	教室環境設計-人物篇	360
00012-07	教室環境設計-動物篇	360

新形象出版圖書目錄

郵撥: 0510716-5　陳偉賢　地址:北縣中和市中和路322號8F之1
TEL: 29207133・29278446　FAX: 29290713

00012-08	教室環境設計-童話圖案篇	360
00012-09	教室環境設計-創意篇	360
00012-10	教室環境設計-植物篇	360
00012-11	教室環境設計-萬象篇	360
00012-12	教學環境佈置	375
00012-13	人物校園佈置<part.1>	400
00012-14	人物校園佈置<part.2>	180
00012-15	動物校園佈置<part.1>	180
00012-16	動物校園佈置<part.2>	180
00012-17	自然校園佈置<part.1>	180
00012-18	自然校園佈置<part.2>	180
00012-19	幼兒校園佈置<part.1>	180
00012-20	幼兒校園佈置<part.2>	180
00012-21	創意校園佈置	360
00012-22	佈置圖案百科	360
00012-23	花邊佈告欄佈置	360
00012-24	幼教教具設計系列 - 2摺紙佈置の教具	360
00012-26	幼教教具設計系列 - 3有趣美勞の教具	360
00012-27	幼教教具設計系列 - 4益智遊戲の教具	360

十三. 攝影

代碼	書名	定價
00013-01	世界名家攝影專集(1)-大8開	400
00013-02	繪之影	420
00013-03	世界自然花卉	400

十四. 字體設計

代碼	書名	定價
00014-01	英文.數字造形設計	800
00014-02	中國文字造形設計	250
00014-05	新中國書法	700

十五. 服裝.髮型設計

代碼	書名	定價
00015-01	服裝打版講座	350
00015-02	蕭本龍服裝畫(2)-大8開	500
00015-03	蕭本龍服裝畫(3)-大8開	500
00015-04	世界傑出服裝畫家作品4	400
00015-05	衣服的畫法-便服篇	400
00015-07	基礎服裝畫(北星)	350
00015-08	T-SHIRT (噴畫過程及指導)	600
00015-09	流行服裝與配色	400
00015-10	美容美髮1-美容美髮與色彩	420

00015-11	美容美髮2-蕭本龍e媚彩妝
00015-12	臉部視覺美學造型

十六. 中國美術.中國藝術

代碼	書名
00016-02	沒落的行業-木刻專集
00016-03	大陸美術學院素描選
00016-05	陳永浩彩墨畫集

十七. 電腦設計

代碼	書名
00017-01	MAC影像處理軟件大檢閱
00017-02	電腦設計-影像合成攝影處
00017-03	電腦數碼成像製作
00017-04	美少女CG網站
00017-05	神奇美少女CG世界
00017-06	美少女電腦繪圖技巧實力提升

十八. 西洋美術.藝術欣賞

代碼	書名
00004-06	西洋美術史
00004-07	名畫的藝術思想
00004-08	RENOIR雷諾瓦-彼得.菲斯

幼教教具設計系列 5
Teaching Aid

節慶活動の教具

出 版 者：	新形象出版事業有限公司
負 責 人：	陳偉賢
地　　　址：	台北縣中和市中和路322號8F之1
電　　　話：	29207133・29278446
F A X：	29290713
編 著 者：	新形象
總 策 劃：	陳偉賢
執 行 設 計：	黃筱晴
電 腦 美 編：	洪麒偉、黃筱晴
封 面 設 計：	洪麒偉、黃筱晴

總 代 理：	北星圖書事業股份有限公司
地　　　址：	台北縣永和市中正路462號5F
門　　　市：	北星圖書事業股份有限公司
地　　　址：	永和市中正路498號
電　　　話：	2922-9000
F A X：	2922-9041
網　　　址：	www.nsbooks.com.tw
郵　　　撥：	0544500-7北星圖書帳戶
印 刷 所：	利林印刷股份有限公司
製 版 所：	興旺彩色印刷製版有限公司

國家圖書館出版品預行編目資料

節慶活動の教具/新形象編著. --第一版。--
臺北縣中和市：新形象， 2004〔民93〕
面；　公分.-（幼教教具設計系列；5）

ISBN 957-2035-62-2（平裝）

1.學前教育 - 教學法　2.教具 - 設計

523.23　　　　　　　　　　93012631